EL AMOR CON LA CAMISA ARREMANGADA

Richard Exley

Editorial Vida

ISBN 0-8297-0335-7

Categoría: Inspiradores

Este libro fue publicado en inglés con el título
Blue-Collar Christianity por Honor Books

Traducido por Jorge S. Somoza

Edición en idioma español
© 1992 EDITORIAL VIDA
Deerfield, Florida 33442-8134

Reservados todos los derechos

Cubierta diseñada por: Ana Bowen

Fotografía: John Coté

Dedicatoria

A Jack Ingram,
un cristiano "en acción"
por derecho propio
y un verdadero amigo
que celebra mis pequeños éxitos
como si fueran suyos.

Indice

Reconocimientos

L a preparación de un libro, de cualquier libro, por más insignificante que sea el volumen, depende del esfuerzo de un equipo. El que lo escribe es el creador principal, pero nunca trabaja solo. En mi caso, me siento deudor, en alguna medida, a casi todas las personas que conozco. En particular, a cuatro congregaciones: la Asamblea de Dios en Holly, Colorado; la Primera Asamblea de Dios en Florence, Colorado; la Iglesia del Consolador en Craig, Colorado; y la Capilla Cristiana en Tulsa, Oklahoma. Guardo un permanente agradecimiento por la oportunidad que me dieron de aprender en la fuente misma el "cristianismo en acción". Expreso también mi gratitud por la paciencia que demostraron frente a mis torpes intentos por llegar a ser un hombre de Dios y un ministro del evangelio.

Reconozco, en forma muy particular, al señor Keith Provance, gerente general de Harrison House Publishers. No sólo encontré en él un editor con visión sino también a un amigo muy especial. Escribir es, en esencia, una tarea solitaria, un quehacer en soledad. Es propio que sea así. Sin embargo, dichoso es el escritor que tiene un amigo con quien compartir su obra. Keith es un amigo de ésos, y sus sugerencias y aliento me resultaron de incalculable valor. Hace alrededor de veinte años, cuando llegar a ser escritor era para mí apenas un sueño secreto, leí *Journal of a Novel* (Diario de una novela) por John Steinbeck. Cuando Steinbeck redactaba *East of Eden* (Al este del Edén), comenzaba cada día de trabajo escribiendo una carta a Pascal

Covici, su amigo y editor. Esas cartas sirvieron para "entusias-marlo" con la tarea que tenía entre manos, y llegaron a ser una especie de comentario sobre la novela. En cierto modo, yo abrigaba la esperanza de llegar a tener algún día una relación como esa. Ahora la tengo.

Por supuesto, cualquier reconocimiento sería incompleto sin una expresión de amor y gratitud hacia Brenda, mi esposa desde hace veintidós años. Ha significado un apoyo continuo, animándome de distintas maneras, y es coautora conmigo de la más importante de nuestras obras: la vida.

Introducción

Recuerdo que en nuestro hogar, el cristianismo no consistía en seguir un código de moral, ni en ser miembros de una iglesia, ni en comportarnos en público de una manera determinada. Era un estilo de vida, era ¡el amor con la camisa arremangada! Si se presentaba la ocasión de hacer algo, lo hacíamos. Si había una necesidad, hacíamos lo posible para satisfacerla. Nuestra meta más alta era agradar a Dios y servir a los demás.

Cierta vez, cuando todavía cursaba la escuela primaria, salimos de la iglesia después de una reunión de oración, un miércoles por la noche, y vimos una familia sin casa, en un viejo auto desvencijado que habían estacionado frente a la iglesia. Su cansancio era evidente. En el estropeado asiento de atrás lloraba un bebé hambriento. Aunque yo era niño, pude advertir en los ojos de esas personas su mirada vacía y la silenciosa desesperación que había envejecido prematuramente sus rostros, dejándolos sin brillo y vacíos. Eran buena gente, pero estaban abatidas por su suerte y tenían demasiado orgullo como para pedir ayuda. Sin embargo, se notaba que esperaban que alguien del pueblo del Señor tuviera compasión de ellas.

Mi padre tuvo esa compasión. Caminó directamente hacia el lado del conductor del auto, extendió la mano y se presentó. Invitó a estas personas a cenar en casa, aunque hacía rato que había pasado la hora de la cena, y les dijo que podían quedarse por la noche con nosotros.

Recuerdo que no teníamos demasiado para dar, pero mis padres siempre estaban más que deseosos de compartir lo poco que poseíamos, y pronto la cocina se llenó de amistosos aromas. Mi madre sirvió una comida sencilla, preparada con pan casero, papas fritas y jamón. Acompañé a mi padre hasta el sótano, que todavía estaba en construcción, y allí recogimos unos frascos de duraznos preparados en casa, que sirvieron para el postre. Recuerdo en forma nítida que mientras subíamos las escaleras escuchábamos el ruido que hacía el jamón chirriando en la sartén. Desde aquella noche se convirtió para mí en un sonido de amor, bueno, amistoso y agradable.

En otra ocasión, mi padre remodeló una casa pequeña, para una viuda joven y sus dos hijos. Su esposo, Merl, había fallecido en forma repentina debido a un tumor cerebral, y la había dejado casi sin nada. Luego del funeral se vio obligada a mudarse a una casa más económica, y lo único que pudo conseguir fue una casa pequeña que exigía una reparación urgente.

Cuando mi padre supo de su situación, le ofreció ayuda. Durante varias semanas lo acompañamos, con mi hermano y nuestra madre, noche tras noche, mientras él reparaba las cañerías, colocaba cables nuevos, construía las alacenas para la cocina, y repintaba por dentro y por fuera. Por último, terminó, y aquella madre joven y sus dos hijos tuvieron un pequeño pero cómodo lugar para su hogar. Más aún, ellos sabían que no estaban solos, ¡que Dios no los había olvidado! Esto también es amor.

Mi madre es también, y por derecho propio, una cristiana en acción. Siendo pequeña fue adoptada por un matrimonio mayor que no había tenido hijos. Cuando yo nací, mi abuelo no estaba bien de salud y apenas salía de su casa. Ni él ni mi abuela podían leer ni escribir y subsistían con su modesta jubilación. Como es lógico, mi madre era su principal fuente de ayuda, y cuidaba de ellos con una atención amorosa.

Una vez por mes recibían el cheque de la jubilación y, cuando llegaba, mi madre llevaba a mi abuela a la ciudad para hacer sus compras mensuales. En ocasiones, cuando mi abuelo no se sentía bien, me quedaba con él, pero la mayoría de las veces yo también participaba de ese paseo mensual a la ciudad. No puedo recordar todo lo que hacíamos; en realidad, la mayor parte de los detalles se han borrado de mi memoria. Pero recuerdo que nuestro ritual en ese día de compras incluía ir a una panadería para tomar café con rosquitas fritas glaseadas.

Pensando ahora en esto, recuerdo el delicioso aroma del pan fresco y toda clase de pasteles, más el obvio vínculo de amor entre mi madre y su madre. Era tan tangible y a la vez tan atractivo como los olores que salían de la cocina. ¡Esa clase de amor es cristianismo en acción al máximo!

Mi madre amaba de esa misma forma a mi padre y a sus hijos, y no había nada que no estuviera dispuesta a hacer por nosotros. Esto no quiere decir que no tenía su propia personalidad, sino más bien que, por encima de todo, valoraba el hecho de poder proveernos un hogar. En verdad que la descripción que Joyce Coloney hace de su madre me recuerda a la mía:

— Mi madre, nacida a principios de este siglo, se sentía satisfecha con su condición de ama de casa. Esa fue la tarea que eligió llevar a cabo en la vida; desechó para ello ser una secretaria ejecutiva, tarea para la cual había sido preparada. Para ella su meta honorable y productiva consistía en hacer los arreglos para el bienestar de mi padre y supervisarnos y enseñarnos a sus hijos.[1]

Al igual que ella, mi madre se hubiera deleitado dedicándose de lleno a la tarea de ama de casa, pero no pudo. Cuando la situación se hizo difícil, recibía ropa para planchar en casa, para contribuir con ello a pagar los gastos. Luego comenzó a cuidar niños en nuestro hogar. Ambos trabajos resultaban exhaustivos. En realidad, uno cualquiera de los dos habría sido más de lo que la mayoría de las mujeres hubiera querido tener, pero mi madre se las arreglaba con los dos y con sus propias tareas domésticas.

Aun hoy, treinta años más tarde, mi madre cuida de ocho a diez niños por semana. ¿Por qué? Para poder hacer pequeñas cosas extras para sus hijos ya independientes, y para sus nueve nietos. Cosas que no podría hacer si ella y mi padre estuviesen limitados a sus ingresos de jubilación.

Otro de los beneficios de la devoción de mamá es el amor y la

---

1 Joyce Coloney, "Confessions of a Happy Housewife", *Reader's Digest*, abril 1982, p. 96.

orientación que por más de un cuarto de siglo ha dado a muchísimos niños. Muchos ya han crecido y se casaron con sus propios recursos, pero nunca dejan de recordarla para Navidad. Algunos provenían de hogares deshechos o, en el mejor de los casos, de familias adictas al trabajo, en las que ambos padres estaban demasiado ocupados como para mostrarles el amor que necesitaban. En consecuencia, mi madre, con su amor superabundante, llegó a ser el centro de entusiasmo en sus vidas. Esto también es cristianismo en acción.

Gracias al ejemplo que me dejaron mis padres, ingresé al ministerio con la comprensión de lo que significa el cristianismo práctico y con un compromiso con esa clase de cristianismo. Menos mal que fuera así, porque mi primera iglesia fue una pequeña congregación en la ciudad de Holly al sudeste del Colorado, que tenía menos de mil habitantes.

En su mayoría estaba integrada por personas prácticas, granjeros y estancieros que habían sobrevivido a la sequía y al polvo, a los tornados y al granizo, a la ventisca y a los tiempos duros, y que no se impresionaban por escuchar palabras importantes o conceptos teológicos. Su cristianismo era de un nivel más práctico, y casi de inmediato me di cuenta de que mi eficacia no residía tanto en los sermones que predicaba, sino en la forma en que yo vivía y en cómo amaba. Si yo no hubiera sido un cristiano en acción, mi congregación no habría prestado atención a nada de lo que tenía que decirles.

Parte de mi trabajo era limpiar el templo, cuidar el terreno, pasar la pala a las veredas en el invierno para quitar la nieve y, en general, mantener el lugar. No hay que olvidar que también esperaban que predicara tres veces por semana, que enseñara en una clase de escuela dominical, que dirigiera el canto, visitara a los enfermos y enterrara a los muertos.

Pronto estaba manejando un camión de granos en la época de la cosecha y ayudando a recoger el ganado en el otoño. En medio de eso, pasé varias tardes con una maravillosa anciana llamada Pearl, que estaba muriendo de un cáncer de estómago. Me sentaba con ella a la mesa en la cocina de la casa de campo y tomaba café mientras me contaba cómo ella y su esposo se habían establecido en ese lugar. Aprendí de ella el ministerio de la presencia, la fuerza que da el estar simplemente allí y el bendito arte de vivir hasta que morimos.

Recuerdo a otra señora de edad, que desde hacía mucho tiempo había sido miembro de la iglesia y cuya salud no le permitía asistir a los cultos. Vivía al otro lado de la calle, exactamente al sur de la iglesia, y cada semana yo iba a su casa y compartía con ella el estudio bíblico de mitad de semana. Era lo menos que podía hacer, pero ella siempre me hacía sentir como si le estuviera haciendo un favor especial. Supongo que en la actualidad le enviaríamos una grabación del culto, pero así y todo no creo que sería lo mismo. De cualquier modo no lo sería para mí, ya que sin aquellas visitas semanales le faltaría algo esencial a mi teología de la Iglesia. La Iglesia no consiste simplemente en celebrar un culto de adoración semanal, sino que es una comunión santa en donde las personas cuidan de verdad unos de otros. Ella me lo enseñó.

Fred Craddock, profesor de Nuevo Testamento y de Predicación en la Escuela de Teología de Chandler en la Universidad de Emory, comparte una experiencia personal que considero explica esta comunión, este "cristianismo en acción" mejor de lo que jamás lo haya oído hasta ahora:

Antes de casarme, cuando estaba sirviendo en una pequeña misión en los montes Apalaches, trasladé mi servicio a una pequeña aldea junto al lago Watts Bar, entre Chattanooga y Knoxville. Esa iglesia tenía por costumbre realizar un servicio de bautismos durante la Pascua. La iglesia a la que pertenezco bautiza por inmersión y este bautismo se llevó a cabo en el lago Watts Bar a la caída del sol en la Pascua de Resurrección. Desde un banco de arena, yo y los candidatos para el bautismo descendíamos al agua, y ellos cruzaban hasta la orilla, donde la pequeña congregación estaba reunida cantando alrededor del fuego y cocinando la cena. Con unas mantas colgadas improvisaron unas pequeñas casillas para cambiarse la ropa. Cuando los candidatos salían del agua, iban a cambiarse allí y luego se ubicaban junto al fogón en el centro. El último de todos fui yo y después de cambiarme me acerqué también al fuego.

Una vez que estuvimos todos alrededor del fuego, tuvo lugar el rito de esa tradición, que es el siguiente: Glen Hickey, siempre Glen, presentó a las personas nuevas, dio sus nombres, mencionó dónde vivían y el trabajo que hacían. Luego el resto de nosotros hicimos un círculo alrededor de ellos mientras permanecían al calor del fuego. El rito era que cada persona en el círculo decía su nombre de esta manera: "Mi nombre es _____ y si alguna vez necesitas alguien que te lave y te planche. . ." "Mi nombre es _____, si alguna vez necesitas alguien que corte la madera. . ." "Mi nombre es _____, si alguna vez necesitas alguien que te cuide los niños. . ." "Mi nombre es _____, si alguna vez necesitas alguien que te arregle la casa. . ." "Mi nombre es _____, si alguna vez necesitas alguien que cuide al enfermo. . ." "Mi nombre es _____, si alguna vez necesitas un auto para ir a la ciudad. . ." Y así hasta completar el círculo. Luego comimos, y después hicimos una contradanza. En cierto momento que sólo ellos conocían, yo no, Percy Miller se puso de pie para decir: "Es hora de irnos". Todos se fueron, y él, retrasándose un poco, con su enorme zapato arrojó arena sobre el fuego mortecino.

En mi primera de esas experiencias, él vio que yo estaba parado allí todavía. Me miró y me dijo: "Hermano, las personas no se pueden acercar más que esto." En aquella pequeña comunidad tienen un nombre para esto. Yo lo había oído en otras comunidades también. En esa comunidad, el nombre que usan es iglesia. A esto ellos lo llaman iglesia.[1]

Lo hacen así porque, en su esencia, el cristianismo no es un

---

1 Fred Craddock, "When the Roll Is Called Down Here", Preaching Today, Cinta No. 50, 1987

sermón ni una canción, sino que es bondad, es un vaso de agua fresca en su nombre, por decirlo así. A veces, en el momento de la tragedia, significa consolar, a veces animar a una familia en crisis. Otras veces, ayudarnos a celebrar los 40 años de edad o el aniversario de las bodas de plata. Simplemente es hacer lo que podemos para dejar que nuestra luz brille. En algunos lugares llaman a esto iglesia. Yo lo llamo "cristianismo en acción".

Capítulo 1

Amor con la camisa arremangada

Jesús era un hombre con la camisa arremangada.
Nació en una cabaña de ovejas, infestada de estiércol,
de una familia de aldeanos,
y creció en el negocio de carpintería de su padre legal.
  Como consecuencia,
hablaba el lenguaje de los hombres comunes y corrientes,
comprendía la vida que vivían,
sus pequeñas privaciones,
y las cosas con las que tenían que lidiar cada día.
  Sabía lo que era
luchar para vivir con lo que se tiene.
Tenía responsabilidades que superaban las de su edad,
por necesidad,
porque siendo el primogénito,
llegó a ser la cabeza de la familia
a una edad temprana
debido a la prematura muerte de su padre legal.
  La vida no era fácil para él,
los días eran largos,
el trabajo duro,
y tenía que aprender a vivir con comida frugal.
  Por encima de todo, sufría por causa del prejuicio:
  murmuraciones acerca de la legitimidad de su nacimiento,
    era un judío en un mundo romano,
      y un carpintero antes de que este oficio fuera reconocido
      como honorable.
  Admitiendo que en su árbol genealógico había realeza,
    quedaba muy atrás, y estaba olvidada desde hacía mucho
tiempo,
      carecía por ello de interés,
        excepto para los genealogistas.
  Era un hombre con la camisa arremangada,
    no un hombre de sangre azul.

Sus manos eran ásperas y estaban encallecidas,
familiarizadas con el trabajo pesado.
Llevó una vida sencilla entre personas sencillas.
Vivió donde vivían. . .
pescadores,
recaudadores de impuestos,
pastores,
vendedores ambulantes. . .
y los amó a todos,
y a cada uno,
Amó a los desechados de la sociedad. . .
leprosos,
lunáticos,
samaritanos,
gente de la calle,
y personas sorprendidas en adulterio.
Se preocupaba por lo que preocupa a la gente común. . .
el bienestar de los niños,
el pago de impuestos
y el pan cotidiano.
Otras cosas que también nos interesan a todos nosotros,
como aprender a orar,
no simplemente a decir palabras,
sino realmente cómo comunicarnos con Dios.
Y él habló mucho acerca de amarnos unos a otros,
volver la otra mejilla,
recorrer la segunda milla.
Amaba a los niños y a las multitudes,
gustaba de los festejos y de la soledad,
hacía milagros y comía con viejos amigos.
Fue un hombre que se arremangaba la camisa,
con las manos ásperas y callosas,
debido a los años de trabajo manual.
Sin embargo, su toque era amoroso y sanador,
fuerte y tranquilizante.
Fue un hombre que se arremangaba la camisa,
y nos llama a que lo imitemos.

A que no seamos sendointe lectuales
que teorizam sobre la necesidad humana,
ni corazones que sangran atrapados en el sentimentalismo,
sino personas auténticas
que resuelven los conflictos humanos,
que alientan a los que tienen un pobre, concepto de sí mismos,
que aman a los desahuciados;
que lavan los pies a los desamorados:
aunque no haya nadie que pueda observarlas.
Jesús fue un hombre que se arremangaba la camisa.

Capítulo 1

Amor con la camisa arremangada

Una vez le preguntaron a San Agustín: "¿A qué se parece el amor?" El contestó:
Tiene manos para ayudar a otros.
Tiene pies para apresurarse hacia el pobre y el necesitado.
Tiene ojos para ver la miseria y la necesidad.
Tiene oídos para escuchar los suspiros y las tristezas de los hombres.
A esto se parece el amor.[1]
Juan el Amado lo expresó de esta forma:

> ...él [Jesucristo] puso su vida por nosotros; también nosotros debemos poner nuestras vidas por los hermanos. Pero el que tiene bienes de este mundo y ve a su hermano tener necesidad, y cierra contra él su corazón, ¿cómo mora el amor de Dios en él? Hijitos míos, no amemos de palabra ni de lengua, sino de hecho y en verdad
>
> 1 Juan 3:16-18.

Ahora bien, a esto es a lo que yo llamo "cristianismo en acción". No son las palabras atractivas, ni la doctrina o el dogma,

---

1 San Agustín, citado en *Dawnings: Finding God's Light in the Darkness*, editado por Phyllis Hobe (New York: Guideposts Associates, Inc., 1981), p. 96.

ni siquiera los vidrios de color o los campanarios. Simplemente es el amor con la camisa arremangada, que se preocupa lo suficiente como para involucrarse, aceptando la posibilidad de resultar herido o de ser decepcionado, sabiendo, sin embargo, que correr el riesgo es mejor que andar con precaución y quizás no llegar a conocer ya sea el dolor o el gozo de amar en verdad.

Según Frederick Buechner, un prominente ministro presbiteriano y autor, "la compasión es la capacidad a veces fatal de sentir lo que significa vivir dentro de la piel de otro. Es el conocimiento de que realmente nunca puede haber paz y gozo para mí hasta que no haya paz y gozo finalmente también para ti".[1]

Tomando conciencia de esta sobria realidad, mi equipo y yo comenzamos por la radio un programa de noventa minutos, en vivo, con llamadas de consulta, a la que denominamos "Desde el corazón". Se centraba más en la gente que en los temas. Enfocamos cuestiones como la aflicción y la pérdida, el envejecimiento, el divorcio y la necesidad de pertenecer y asuntos similares. Pronto nos vimos saturados por muchas llamadas de personas que sufren. Era evidente que no podíamos atender todas sus necesidades por teléfono, por lo que instalamos un centro de consejería y organizamos grupos de apoyo de diferentes tipos.

Nuestro centro estaba compuesto por cristianos en acción, "cristianos con la camisa arremangada", gente que en su mayoría había descubierto, como Buechner, que no podían disfrutar realmente de la vida a menos que otros también la disfrutaran. Por supuesto, este compromiso generó enormes presiones en los consejeros porque, con una actitud como ésta, es virtualmente imposible pasar por alto un solo clamor de ayuda.

Uno de nuestros consejeros me escribió una carta en la que compartió una experiencia típica:

Anoche fui interrumpido. Acababa de regresar de un largo viaje. . . cansado, deseando descansar, y sonó el teléfono. Era Héctor. ¿Iría a tomar un café con él? Yo sabía que debía ir, y fui; y ahora estoy contento de

---

1 Frederick Buechner, citado en *Disciplines for the Inner Life* por Bob Benson y Michael Benson (Waco: Word Books Publisher, 1985), p. 312.

haber ido. En una cabina alejada, estaba sentado un hombre solitario, arruinado por la culpa y el temor, sintiéndose poca cosa, golpeado y lastimado por su pasado. Y allí estaba yo, intentando compartir tan sólo un poco de todo lo que se me había ministrado a mí. Poco a poco, este hombre comenzó a ver la esperanza, a alcanzar una visión más clara del verdadero carácter de Dios, a sentir que pertenecía a esto que nosotros llamamos humanidad.

Por un momento comprendí un poco más acerca del reino de Dios. Por un momento entendí un poco más el ministerio de Cristo. Por un momento sentí la Iglesia tal y como lo que se supone que debe ser. . . Por un momento ¡yo fui la Iglesia!

Y el amor se parece a esto. Esto es "cristianismo en acción", el evangelio calzando zapatos de trabajo, la compasión con su camisa arremangada, preocupándose lo suficiente como para resultar involucrada; teniendo manos para ayudar a otros.

Por desgracia, es mucho más fácil y más aceptable limitar nuestro servicio cristiano a las cosas "espirituales". Es lo que nos gusta: estudios bíblicos, coro, grupos de comunión con "gente como nosotros". Cosas lindas, cosas seguras, que nos hacen sentir como si estuviéramos sirviendo pero sin correr el riesgo de ensuciarnos las manos.

Esta es una trampa sutil, y que resulta difícil de percibir. Una trampa en la que tendemos a confundir estar ocupados por estar comprometidos, y tener actividad religiosa por un verdadero activismo espiritual.

Ruth Harris Calkin expone mi propia propensión hacia el ministerio del púlpito cuando hace esta confesión:

Señor, tú sabes cómo te sirvo
con un gran fervor emocional
cuando estoy a la vista del público.
Tú sabes con cuánto entusiasmo hablo por ti
en un club de mujeres.
Tú sabes cómo me emociono cuando promuevo

un grupo de comunión.
Tú conoces mi genuino entusiasmo
cuando estoy en un estudio bíblico.
Pero me pregunto: ¿Cómo reaccionaría
si tú me señalaras una palangana de agua
y me pidieras que lavara los pies callosos
de una anciana encorvada y arrugada,
día tras día,
mes tras mes,
en una habitación donde nadie lo viera
y donde nadie lo supiera?[1]

Como usted puede advertir, mi tema es justamente ése: nuestra tendencia a procurar más bien las formas de ministerio más visibles, en lugar de buscar las maneras de ayudar al que sufre.

Claro que éste no es un problema nuevo. Por cierto, los discípulos mismos lucharon con esta tendencia. Estaban ansiosos de compartir con Jesús la popularidad, compitiendo en la carrera para alcanzar la mejor posición, reclamando un sitio para sentarse a su mano derecha o a su izquierda, pero sin deseos de lavarse los pies unos a otros.

Sin embargo, creo que esta tendencia se ha profundizado aun más en nuestros días, debido, al menos en parte, a la proliferación de ministerios relacionados con los medios de comunicación social, que tienen en sí un nivel elevado de prominencia visible y de formas pulidas. Estos nos han dado un nuevo modelo para el ministerio, en el cual la actuación ha reemplazado al servicio, y el talento aparece como más importante que la compasión.

Permítame apresurarme a decir que no pretendo enjuiciar en forma categórica todos los ministerios relacionados con los medios. En realidad, muchos de ellos están comprometidos profundamente en servir, y han desarrollado una red popular de gente compasiva que está proveyendo un ministerio de uno a

---

1 Ruth Harris Calkin, *Tell Me Again, Lord, I Forget* (Elgin: David C. Cook Publishing Co., 1974), p. 14.

uno, incluyendo la distribución de ropa y comida, como así también de oración y consejería. El problema no es tanto con los ministerios sino más bien con nuestra percepción de ellos y con nuestra necesidad innata de ser reconocidos. Con frecuencia nuestro deseo por el ministerio público se relaciona más con nuestra necesidad de ser vistos que con una genuina preocupación por las necesidades de otros.

¿Suena esto desagradable? Espero que no, porque no es esa mi intención. No obstante, creo que mis conclusiones son acertadas.

Permítame darle un ejemplo. Hace alrededor de tres años, llegué a conocer a una de nuestras oyentes del programa "Desde el corazón". Llamó, no una, sino varias veces, buscando apoyo emocional. Su marido había sufrido una embolia que lo había dejado paralizado; a raíz de ello, necesitaba un cuidado de apoyo las veinticuatro horas del día. La pareja no tenía familia a una distancia razonable, ni podían afrontar el gasto de internar al marido en una clínica. Como resultado, la esposa era la única que podía brindarle atención y de ese modo resultaba una virtual prisionera en su propio hogar.

Además del apoyo emocional que buscaba, necesitaba en realidad alguien que la relevara por unas pocas horas cada semana, de modo que pudiera salir de la casa. Lamento decir que cuando le sugerí esto a una cantidad de personas que se suponía buscaban una iglesia con ministerios en las cuales estar involucradas, se pusieron pálidas y musitaron algo acerca de que no era ésa la clase de ministerio que tenían en mente.

Esto es trágico, porque cuando descuidamos el sufrimiento humano, descuidamos a Jesucristo mismo:

> Entonces dirá también a los de la izquierda: Apartaos de mí, malditos, al fuego eterno preparado para el diablo y sus ángeles.
>
> Porque tuve hambre, y no me disteis de comer; tuve sed, y no me disteis de beber; fui forastero, y no me recogisteis; estuve desnudo, y no me cubristeis; enfermo, y en la cárcel, y no me visitasteis.

Entonces también ellos le responderán diciendo. Señor, ¿cuándo te vimos hambriento, sediento, forastero, desnudo, enfermo, o en la cárcel, y no te servimos? Entonces les responderá diciendo: De cierto os digo que en cuanto no lo hicisteis a uno de estos más pequeños, tampoco a mí lo hicisteis.

Mateo 25:41-45

Y si es cierto que por descuidar a "uno de estos" hemos descuidado a Jesucristo mismo (y lo es, porque en alguna forma misteriosa el pobre y el necesitado son una aparición de Dios bajo un disfraz), entonces debe ser igualmente cierto que cuando socorremos a "uno de estos" también estamos socorriéndolo a él. O como lo dijo Jesús: "De cierto os digo que en cuanto lo hicisteis a uno de estos mis hermanos más pequeños, a mí lo hicisteis" (Mateo 25:40).

Este tema se repite con frecuencia en los clásicos devocionales. Por ejemplo, podemos referirnos a la historia que cuenta Flaubert, de San Julián El Hospitalario:

Cuando niño, a Julián le encantaba andar por los bosques y le gustaban todos los animales y cosas animadas. Vivía en una gran estancia, y sus padres lo adoraban; querían que él lo tuviera todo en el mundo. Su padre le compró caballos de pura raza, arcos y flechas, y le enseñó a cazar, a matar los mismos animales que él había amado tanto. Y eso tuvo un resultado funesto, porque Julián descubrió que le gustaba matar. Sólo era feliz después de un día de sangrienta matanza. El asesinato de bestias y pájaros llegó a ser para él una manía, y sus vecinos, después de haber admirado su habilidad, llegaron a detestarlo y a temerlo por su avidez de sangre.

Por alguna causa u otra, Julián mató a su madre y a su padre. ¿Un accidente de cacería? Algo así, algo terrible. Llegó a ser un paria y un penitente. Vagabundeó por el mundo, descalzo y en harapos, buscando el perdón. Envejeció y se enfermó. Una noche fría estaba esperando junto a un río a un barquero que lo cruzara.

porque Julián se estaba muriendo. Mientras esperaba, apareció un hombre viejo y horrible. Era un leproso, y sus ojos eran como llagas vivas, su boca podrida
y fétida. Julián no lo sabía, pero este repelente viejo,
de aspecto horroroso, era Dios. Y Dios lo probó para
ver si todos sus sufrimientos habían cambiado en
verdad su corazón feroz. Le dijo a Julián que tenía frío,
y le pidió que compartiera su manta, y Julián lo hizo;
después el leproso quiso que Julián lo abrazara, y Julián
lo abrazó; luego le hizo un último pedido: le pidió a
Julián que besara sus labios enfermos y podridos.
Julián los besó. En el acto Julián y el viejo leproso, que
de pronto se transformó en una visión resplandeciente, ascendieron juntos al cielo. Y así fue que Julián
llegó a ser San Julián.[1]

Esa es una de las maneras en que la gracia de Dios obra también
en nuestra vida; es una de las formas en que él nos libera de
nuestro yo egoísta. El nos da oportunidades para servir, ocasiones para compartir nuestra manta y nuestras bendiciones con
aquellos menos afortunados que nosotros. Y como Julián, también llegamos a ser santos, es decir, se nos da un corazón
compasivo, manos para ayudar a otros, y pies para apresurarse
hacia el pobre y el necesitado.

Una de las cosas que más admiro en la congregación en que
sirvo ahora, es su compasión, su buena voluntad para dar de sí
mismos y de sus recursos, su buena disposición para estar
involucrados. En realidad no es algo que hemos organizado, no
es uno de nuestros programas; se trata más bien de personas que
responden por sí mismas, como consecuencia de tener un
corazón que ama y siente compasión.

Por ejemplo, en la época de la Navidad recibí un llamado de
un hombre de la iglesia que quería saber si conocía a alguna
familia necesitada, alguien con quien él y su familia pudiesen
compartir la Navidad.

1 Truman Capote, *Music for Chameleons* (New York: Random House, 1980), pp. 260, 261.

—¿Qué? —le pregunté—. ¿Qué está pensando?

—Bueno —dijo—, pensé que usted podría estar al tanto de una situación especial, tal vez de oyentes del programa "Desde el corazón", de alguna familia que no tendría con qué celebrar la Navidad a menos que alguien la ayudara. Lo que nos gustaría hacer es comprar algunos comestibles y algunos regalos para los niños. Y, si es oportuno, quisiéramos llevárselos, no para aparecer como grandes filántropos, sino para hacerlo de un modo personal. No solamente queremos entregar comestibles y cosas; deseamos, además, dar algo de nosotros mismos.

Yo conocía la familia indicada; se trataba de una situación desesperante. Algunas semanas antes, la madre nos había llamado durante una de nuestras transmisiones y había compartido su penosa historia.

Estaba divorciada tratando, ella sola y sin trabajo, de educar a sus dos hijos. Para colmo de males, su hijo menor tenía leucemia. Además de las dificultades económicas obvias y del trauma de la enfermedad de su hijo, estaba embarazada. El padre era un hombre casado, un líder de la iglesia. Ella nunca tuvo intención de estar involucrada con él. El hecho es que sucedió. Mientras él le proveía de cuidado pastoral, durante un momento crítico de la enfermedad de su hijo, se formó entre ellos un vínculo emocional. En un momento de debilidad, ese vínculo resultó en un encuentro sexual que no fue premeditado, en absoluto.

Reconociendo que sus acciones eran pecaminosas, y potencialmente destructivas, terminaron de inmediato su relación, pero el daño ya estaba hecho. Tan pronto como se dio cuenta de que estaba embarazada, decidió abandonar la iglesia para no correr el riesgo de dañar la familia del padre, o de afectar su posición en la iglesia. Ahora estaba sola, sin familia ni amigos, y sin un sistema de apoyo de ninguna clase.

Me conecté con la mujer por teléfono y después de que me dio su aprobación hice los arreglos necesarios. Eso fue lo último que oí acerca de su situación hasta pocos días después de Navidad, en que aquella pareja generosa pasó por la oficina para darme un informe. Me dijeron que habían tenido una de las experiencias más significativas en sus vidas, y así lo creo. Cada acto desinteresado trae su propia recompensa. No puedes dar amor sin que te vuelva, en una medida buena, apretada y remecida.

Esta pareja y sus tres hijos habían ido allí para festejar la Navidad con aquella madre desesperada y con sus dos hijos pequeños, y descubrieron que en lugar de eso Dios les había preparado la Navidad a ellos. Cuando pasen los años, cuando sus propios hijos se hayan olvidado de otras navidades, recordarán la magia de aquella experiencia, la dicha de preparar la Navidad para alguien menos afortunado.

Sólo Dios sabe lo que aquel acto de bondad significó para aquella madre indigente y sus dos pequeños hijos. Sin embargo, creo que la presencia de ellos significó mucho más que los regalos que les llevaron. Con la misma urgencia con que aquella pequeña familia necesitaba esos comestibles, en razón de ser tan pobres y por lo fría que podría haber sido su Navidad, necesitaban también el calor de una genuina comunión.

Bob Benson, en su pequeño libro *Come Share the Being* (Ven a compartir la existencia), relata una historia trágica que ilustra en forma gráfica y exacta, cuánto nos necesitamos en realidad los unos a los otros. Dice así:

Compramos un viejo edificio y lo remodelamos para oficinas y lugares de depósito. El electricista que hizo el trabajo se llamaba Richard. Hablaba tanto que en seguida alguien que trabajaba en la construcción comenzó a llamarlo "boca a motor". Siempre tenía una sonrisa y una respuesta lista para cualquier pregunta, seria o graciosa. Era una alegría contar con él en la construcción. Después de un año estábamos haciendo algunos cambios adicionales que requerirían una instalación eléctrica, y pregunté si habían llamado a Richard.

Alguien dijo:

—¿No oíste acerca de Richard?

—No.

—Bueno, hace dos meses su socio fue al campamento de casas rodantes para acompañarlo a trabajar y Ricardo le dijo: 'Te veré en el trabajo en veinte minutos.'

Ricardo regresó a su casa rodante. Había estado discutiendo con su esposa y se dirigió hacia el dormitorio y volvió y le tocó el hombro a su mujer mientras estaba parada en el lavadero. Ella volvió justo en el momento en que Ricardo tiraba el gatillo de una pistola sobre su cabeza.

Ricardo, 'boca a motor', siempre bromeando, siempre riéndose, siempre hablando, siempre dispuesto a ser el blanco de nuestras bromas, había muerto. Muchas veces le había preguntado cómo iban sus cosas, pero parece que nunca se lo pregunté de forma tal que quisiera contármelo.

En un sentido, la vida es como aquellos autitos chocadores de los parques de diversiones. Nos corremos unos a otros y sonreímos y chocamos y enseguida nos vamos.

—Cómo estás...

pum, pum,

—Eh, 'boca a motor'...

pum, pum,

—Grande, fantástico...

pum, pum, pum,

Y alguien sale inadvertido y muere porque no hay con quien hablar.

pum, pum, pum,.[1]

Qué escena más perturbadora, ésta de nuestro destrozado mundo. Cientos de personas que sufren fingen poderlo todo, riendo, hablando, escondiendo su dolor detrás de una alegría superficial. No puedo menos que preguntarme con cuántas personas me he chocado, cuántas veces les pregunté cómo les estaba yendo, pero no de una forma que los hiciera desear contármelo. Cuántos de ellos salieron en la noche y murieron, sólo un poquito, en el interior, porque no tenían con quien hablar. Quiero decir realmente con quien hablar.

---

1 Benson y Benson, pp. 311, 312.

Sin embargo, así como fingen, con ese hábil y convincente aplomo, están a la vez esperando en forma desesperada que nosotros no nos dejemos engañar por su actuación hueca, que no los dejemos irse así.

El rabino Dov Peretz Elkins escribe:

No se dejen engañar por mí. No se dejen engañar por la cara que uso. Tengo una máscara. Uso mil máscaras: máscaras que tengo miedo de quitarme; y ninguna de ellas me representa.

Fingir es para mí un arte que me da una segunda naturaleza, pero no se dejen engañar. Por mi bien, no se dejen engañar. Yo doy la impresión de que soy una persona segura, de que todo es soleado y tranquilo dentro y fuera de mí; que mi nombre es confianza y mi juego es la serenidad, que el agua es mansa y que tengo el control y no necesito a nadie. Pero, por favor, no me crean. Mi exterior puede parecer suave, pero mi exterior es una máscara, una máscara siempre variable y que siempre tapa la realidad.

Por debajo no hay presunción, no hay complacencia. Por debajo mora el verdadero yo en confusión, en temor, en soledad. Pero eso lo escondo. No quiero que nadie lo sepa. Quedo consternado ante la idea de mi debilidad y temo quedar expuesto. Esta es la razón por la que frenéticamente fabrico una máscara para esconderme: una fachada indiferente y sofisticada para que me ayude a fingir, para resguardarme de la mirada que conoce. Pero una mirada así, precisamente, puede ser mi salvación, mi única salvación, y yo lo sé. Es decir, si está complementada con aceptación; si está acompañada de amor.

Es la única cosa que me puede liberar de mí mismo, de un muro de hechura propia que me tiene prisionero, de las barreras que yo erijo con tanto cuidado. Es la única cosa que me asegurará de lo que no me puedo asegurar yo mismo, de que en realidad soy algo. . .   ¿Quién soy?, puedes preguntarte. Soy alguien que tú conoces muy bien. Soy cada hombre con quien te encuentras. Soy cada mujer. Soy cada niño. Estoy precisamente frente a ti. Por favor... ámame.[1]

Los cristianos en acción tienen oídos para escuchar aquellos llantos desesperados pero no emitidos, y tienen la capacidad de responder con amor. Tienen ojos para ver, no sólo el obvio quebrantamiento de la humanidad, no sólo sus sufrimientos y necesidades físicas, sino también sus heridas ocultas. Los pequeños rechazos que se han convertido en profundas dudas sobre sí mismo, las inseguridades, la pérdida de la dignidad.

Esas personas cuidadosas han desarrollado la "mirada que conoce" y el amor que la hace resultar liberadora en lugar de devastadora.

Y los verdaderos cristianos no chocan con la gente. Ellos dedican tiempo para conocerse unos a otros dándose cuenta de que no se puede amar a alguien de verdad a menos que se lo conozca.

Madeleine L'Engle escribe en *Walking on Water* (Caminando sobre el agua):

Mi yerno, Alan Jones, me contó una historia de un rabí jasídico, famoso por su piedad. Un día fue confrontado inesperadamente por uno de sus jóvenes y devotos discípulos. En un estallido de emoción, el joven discípulo exclamó:

—¡Mi maestro, lo amo!

El anciano maestro levantó la mirada de sus libros y le preguntó a su ferviente discípulo:

—¿Sabes lo que me hace sufrir, hijo?

El joven quedó confundido. Recomponiéndose tartamudeó:

—No entiendo su pregunta, rabino. Estoy tratando de decirle cuánto significa usted para mí, y usted me confunde con preguntas extrañas.

---

1 Dov Peretz Elkins, *Glad to Be Me* (Englewood Cliffs: Prentice-Hall, Inc., 1976), pp. 28, 29.

—Mi pregunta no es ni confusa ni extraña—replicó el rabí—, porque si tú no sabes lo que me hace sufrir, ¿cómo puedes saber amarme de verdad?[1] Los cristianos en acción saben qué es lo que hace sufrir a la gente, tal vez porque ellos mismos han sido sufrido. Pero en vez de tornarse amargos, han hecho las paces con su dolor, lo han hecho un aliado en lugar de un enemigo. Y ahora tienen "manos para ayudar a otros" y "pies para apresurarse hacia el pobre y el necesitado". Tienen "ojos para ver la miseria y la necesidad", y "oídos para escuchar los suspiros y las tristezas de los hombres". ¿Hasta qué punto es usted un cristiano en acción, un cristiano con la camisa arremangada?

Si le parece que no ha llegado a ese alto ideal, no sea demasiado duro consigo mismo, no se rinda. Casi nadie ama así en forma natural, al menos, no lo logra inicialmente. Al principio, aun nuestro amor "cristiano" es egoísta. Pareciera que siempre estamos amando en formas que nos hacen sentir bien a nosotros, en maneras que nos hacen sentir amados en lugar de formas en las que podemos hacerles sentir a otros que son amados. Y recuerde, aprendemos a ser "santos amantes" amando, haciéndolo, no simplemente leyendo acerca de ello.

Podrá preguntarse ¿cómo puedo comenzar? Comience orando. Confiese con sinceridad sus malos entendidos y sus fracasos en lograr los objetivos.

Señor, mi mundo es demasiado pequeño.
No tengo lugar para otras culturas.
No tengo tiempo para los refugiados camboyanos,
ni para los hambrientos etíopes,
ni siquiera para la familia quebrantada calle abajo.

Señor, mi mundo es demasiado pequeño.
Yo fui educado en un hogar cristiano,
y soy un miembro fundador de mi iglesia.
No tengo lugar para los huérfanos de este mundo.

---

1 Madeleine L'Engle, *Walking on Water* (Wheaton: Harold Shaw Publishers, 1980), pp. 70, 71.

No tengo tiempo para los desamparados,
ni los desocupados,
ni siquiera para la gente sin rostro de la calle
que se amontona en las esquinas
para refugiarse del frío.

Sin embargo, aun queriendo intentarlo,
no puedo ignorar sus miradas vacías.
Los documentales de T.V.,
los artículos de las revistas,
las conferencias misioneras,
me los presentan vez tras vez.
Señor, mi mundo no es demasiado pequeño,
sino demasiado poblado.
Vacía mi corazón de la ambición vana.
Libra mi mente de los sueños carnales.
Lléname de compasión y preocupación
por aquellos que no te conocen.
Aunque ellos sean
refugiados camboyanos,
gente sin rostro de la calle
o los divorciados de calle abajo.

Ahora mire alrededor de usted, quiero decir que mire realmente. ¿Qué ve? Es probable que haya gente necesitada al alcance de su mano, justo allí en su propia familia. Una esposa que no ha tenido tiempo para amar, un adolescente al que nunca le dedicó tiempo para comprenderlo, un niño que apenas lo conoce. O, tal vez sea la persona con la que trabaja. Aquel a quien dio por imposible por antisocial y problemático. ¿Tiene idea de por qué él está tan enojado, tan a la defensiva? ¿Y qué puede decir de aquella persona inadaptada que está con usted en los servicios de adoración, la persona que está afuera mirando siempre hacia adentro, la mujer que a nadie le agrada? Usted sabe, la que habla demasiado fuerte, la que se esfuerza demasiado. Puede comenzar amando a esa persona.

El doctor Elton Trueblood ha escrito: "En alguna parte del mundo debiera haber una sociedad consciente y deliberadamen-

te dedicada a la tarea de ver en qué forma se puede hacer real el amor, y demostrando el amor en forma práctica."[1]
Esto no necesariamente va a ser fácil. Con frecuencia las personas que más necesitan nuestro amor, son las que resultan más difíciles de amar. Al igual que la rica y autosuficiente divorciada del libro de Katherine Anne Porter *Ship of Fools* (Barco de los necios), ellas también están implorando amor, aun cuando su comportamiento es hostil y defensivo. "Amame", claman esas personas. "¡Amame a pesar de todo! Sea que yo te ame o no, sea yo apto o no para ser amado, si tú eres capaz de amar, aun cuando no haya tal cosa como el amor, ámame!"[2]
A veces puede parecer que amamos en vano, pero cobre ánimo, no está perdido todo. Aun en el caso de que los demás no respondan a nuestro amor, llegamos a ser mejores por haberlos amado. El solo acto de amar nos ha enriquecido, nos ha hecho más parecidos a Cristo. Y, con frecuencia, el amor obra su milagro, y otra persona cínica es hecha nueva, otro corazón amargado obtiene sanidad.
El finado doctor Karl Menninger de la Clínica Menninger en Topeka, Kansas, llegó a la conclusión de que la mayoría de sus pacientes estaban allí porque no habían amado o no habían sido amados, o las dos cosas juntas. Como consecuencia, llamó a su equipo y les dijo que por sobre todas las cosas, ellos estaban allí para amar. Todo trato con los pacientes tenía que ser un trato con amor. Desde los siquiatras hasta los electricistas y los que limpian los vidrios, todos debían manifestar amor. Así lo hicieron. Seis meses después descubrió que el tiempo de internación estimado para la recuperación de sus pacientes se había reducido en un cincuenta por ciento.
Una mujer se sentaba día tras día en su mecedora sin hablar una sola palabra con nadie. El doctor llamó a

1 Gordon C. Hunter, *When the Walls Come Tumblin' Down* (Waco: Word Books Publisher, 1970), p. 26.
2 Katherine Anne Porter, *Ship of Fools* (Boston: Little, Brown & Co., 1962).

una enfermera y le dijo: "Todo lo que le pido que haga, es que la ame hasta que ella se ponga bien". La enfermera aceptó el desafío. Se sentó en otra mecedora al lado de la mujer, y se mecía sin decir nada. El tercer día la paciente habló, y dentro de una semana había salido de su concha y estaba en vías de recuperación.[1]

Ahora bien, esto es "cristianismo en acción" al máximo. Compartir el silencio y la tristeza de otros, llevar juntamente con ellos sus cargas, amándolos en medio de su desamparo. ¡El amor produce una vida nueva! Obra otro milagro, restaura al alma desesperada, y la lleva a la realidad de la vida.

---

1 Hunter, p. 22.

Capítulo 2
El toque compasivo

Señor, estoy profundamente perturbado,
por la inhumanidad del hombre con el hombre,
por el "señor" del barrio pobre que explota al pobre,
   los sistemas de inmigración que cierran puertas,
      racismo que castiga a una persona
         por el color de su piel.
Señor, estoy profundamente perturbado,
por la inhumanidad del hombre con el hombre,
por la esposa maltratada,
   el incesto,
      y la pornografía infantil.
Señor, estoy profundamente perturbado,
por la inhumanidad del hombre con el hombre.
Su crueldad sensual,
   por las palabras descuidadas que hieren hasta el corazón,
      por la mirada que mata,
         por la humillación en público.
Señor, estoy profundamente perturbado,
por la inhumanidad del hombre con el hombre,
por su insensibilidad y autosuficiencia,
   por la necesidad de ganar,
      de tener siempre la razón,
         de llegar a la cumbre.
Señor, estoy profundamente perturbado,
por la inhumanidad del hombre con el hombre.
Debe existir un camino mejor,
pues este mundo de competencia despiadada no saldrá airoso
Un hombre no puede vivir solo,
   no puede atravesar la vida sin confiar en nadie;
necesita tener a alguien con quien hablar,
   alguien en quien poder confiar,
      al menos una persona con quien compartir
         su corazón.

Tiene que haber alguien que crea en él,
alguien que vea su grandeza interior,
   por lo menos una persona que conozca sus sueños
   para soñarlos juntos.
Señor, quiero ser ese hombre,
la persona confiable,
el que ve las posibilidades,
el que descubre la grandeza interior y le habla.
No puedo hacer mucho
en lo relacionado con la explotación económica
ni con los sistemas políticos de represión,
pero puedo escuchar con amor,
prestar una mano de ayuda,
compartir una comida,
y dar una palabra que dé ánimo
en el momento de desesperación.
Esto puede parecer poco,
lo reconozco, no es una panacea
para la inhumanidad del hombre con el hombre,
pero si por lo menos puedo hacer más liviana
la carga que lleva una persona,
y que el sueño de una persona sea un poco más nítido,
si me puedo atrever a entregarme a la bondad
de cuando en cuando,
entonces, puede ser, sí, puede ser,
que alguien más se sienta inspirado a tratar de ser bondadoso,
¡y quién sabe lo qué podría suceder entonces!

Capítulo 2

El toque compasivo

Un sabio dijo una vez: "Cuando era joven, admiraba a los hábiles. Ahora que soy anciano, admiro a los amables." Aunque no soy anciano ni demasiado sabio, creo que sé lo que quiso decir. Cuando yo era más joven, también admiraba a los hombres hábiles y aspiraba a ser como ellos. Ahora que soy mayor, y he tenido oportunidad de vivir un poco, la habilidad ha perdido para mí mucho de su atractivo. Por lo general, las personas hábiles son egocéntricas y procuran ser servidas. Son rápidas para encontrar las respuestas fáciles y el camino del menor esfuerzo. Entretienen a la multitud con su hábil ingenio y su pronta respuesta, pero de algún modo evidencian que les falta compasión. La amabilidad, por su parte, luce bien. Puede ser que los que son hombres verdaderamente buenos no sean tan ostentoso ni tan entretenidos como pueden serlo sus pares hábiles, pero a la larga mostrarán siempre su verdadero valor.

La Biblia nos da varios ejemplos de hombres y mujeres buenos, de personas piadosas cuyas vidas irradiaban el amor y la compasión del Señor. Como tales, han llegado a ser ejemplos para nosotros, a ser modelos.

Fred Smith, en su libro *You and Your Network*[1] (Usted y su sistema), traza una distinción entre un héroe y un modelo. Su conclusión es que un héroe es una persona que muestra quién

---

1 Fred Smith, *You and Your Network* (Waco: Word Books Publisher, 1984).

puede ser él. Un modelo, en cambio, es una persona que muestra quien puede ser usted.

Bernabé, famoso en el Nuevo Testamento, fue esa clase de hombre. Hechos 11:24 dice: "...era varón bueno, y lleno del Espíritu Santo y de fe..." Tal vez él sea el ejemplo más sobresaliente de la genuina bondad en todo el Nuevo Testamento, un ejemplo de las cosas extraordinarias que Dios puede hacer con la persona más común.

De acuerdo con la historia de la iglesia primitiva, era un levita de Chipre y su nombre verdadero era José. Los apóstoles le cambiaron el nombre y le pusieron Bernabé, que significa "hijo de estímulo",[1] tal vez porque era una fuente permanente de fortaleza y afirmación. Eso sucedió poco después de la fundación de la iglesia en Jerusalén, y después de eso nadie lo llamó de otra manera, porque donde él iba llevaba ánimo y esperanza.

Me hace pensar en Winston Churchill, en medio de la batalla de Gran Bretaña en la Segunda Guerra Mundial, en que todos estaban al borde de la desesperación. Mañana tras mañana, a pesar de cada nuevo ataque aéreo nazi, el señor Churchill solía ponerse el saco y el sombrero negro, y cruzar resueltamente a grandes trancos por encima de los escombros, recordándole a su pueblo: "Acabamos de comenzar a luchar." Noche tras noche, las ondas radiales llevaban su mensaje de esperanza a la bombardeada población británica.

Cuando miro los peligros que ya han sido superados, las olas como montañas a través de las cuales ha surcado el barco, cuando recuerdo todas las cosas en que nos ha ido bien —les decía—, me animo a sentir que no debemos tener miedo de que nos venza la tempestad. Dejémosla rugir, dejémosla bramar, todo nos saldrá bien.[2]

1 Esta traducción de la frase en Hechos 4:36, tomada de la Nueva Versión Internacional, se aproxima más al significado del texto original y a la palabra inglesa empleada por el autor.

2 J. Wallace Hamilton, *Where Now Is Thy God* (Old Tappan: Fleming H. Revell Company, 1969), p. 61.

Norman Cousins, escribiendo en *Saturday Review* (La revista del sábado), dijo que la grandeza de Churchill fue su habilidad para "dirigirse a la fortaleza que el pueblo tenía adentro y hacer que esa fuerza surgiera con identidad propia".

Decía que por causa de Winston Churchill millones de personas descubrieron lo que significa salir completamente vivo: "Sabían que enfrentaban un peligro total, pero él les ayudó a descubrir su capacidad para dar una respuesta total. También aprendieron que era mucho menos doloroso afrontar con todo lo que eran la monstruosa fuerza enemiga, que quedarse a un costado con sólo la mitad de la vida."[1]

Eso es lo que hizo Bernabé por la iglesia primitiva. Los animó cuando se había desatado la furia del sanedrín. Imagínese como él iba de casa en casa, visitando pequeños grupos de creyentes, guiándolos en oración, asegurándoles que Dios tenía todo bajo control, que no importaba lo que sucediera, Dios lo usaría, ¡lo cambiaría para el bien de ellos y para el bien del Reino!

Al principio la persecución estuvo dirigida principalmente contra los apóstoles. Eran amenazados casi a diario, eran azotados, y a veces aun apresados. Esto era de por sí bastante malo, pero pronto se extendió y ". . .hubo una gran persecución contra la iglesia que estaba en Jerusalén; y todos fueron esparcidos por las tierras de Judea y de Samaria, salvo los apóstoles. . . Saulo asolaba la iglesia, y entrando casa por casa, arrastraba a hombres y mujeres, y los entregaba en la cárcel" (Hechos 8:1,3).

Como resultado de eso Bernabé se transformó en un itinerante. Por todas partes donde había creyentes, allí estaba el hijo de estímulo, exhortando y animando, asegurando su fe. Y sólo Dios sabe de qué pérdidas libró a la iglesia naciente su incansable exhortación, y cuántos hombres y mujeres permanecieron fieles por la fortaleza de su presencia.

Su beneficiario más notable fue nada menos que el infame Saulo de Tarso, el mismo cuya violenta persecución dispersó a

---

1 Norman Cousins, *Saturday Review.*

la iglesia naciente. En su camino a Damasco, con el fin de dañar al cuerpo de Cristo, Saulo se convirtió en forma milagrosa. De regreso a Jerusalén, trató de ". . .juntarse con los discípulos; pero todos le tenían miedo, no creyendo que fuese discípulo. Entonces Bernabé, tomándole, lo trajo a los apóstoles, y les contó cómo Saulo había visto en el camino al Señor, el cual le había hablado, y cómo en Damasco había hablado valerosamente en el nombre de Jesús. Y estaba con ellos en Jerusalén; y entraba y salía, y hablaba denodadamente en el nombre del Señor. . ." (Hechos 9:26-29a).

Por supuesto, Saulo llegó a ser conocido como el apóstol Pablo. Durante su vida plantó iglesias por el mundo conocido. Fue un misionero infatigable que no se desanimaba por las penalidades ni la persecución. Nada, absolutamente nada, impedía que predicara el evangelio de Jesucristo. Cuando las autoridades lo pusieron en prisión, convirtió al carcelero y escribió gran parte del Nuevo Testamento. Desde su celda en Roma escribió: "Quiero que sepáis, hermanos, que las cosas que me han sucedido, han redundado más bien para el progreso del evangelio" (Filipenses 1:12). No obstante, si no fuera por Bernabé, tal vez nunca hubiéramos oído hablar del apóstol Pablo, tal vez no habría existido un apóstol Pablo.

No es difícil imaginar lo que habría pasado si Bernabé no se hubiera arriesgado a hablar en favor de Saulo. Muy pocos de nosotros podemos crecer y madurar como cristianos sin la comunión del cuerpo de Cristo. Saulo no era la excepción. Él también necesitaba la seguridad y el consuelo que brindaban los discípulos. Sin su comunión, podría haber perdido la nueva fe encontrada, o, en el mejor de los casos, se habría disipado en la oscuridad.

Fue Bernabé también el que dio lugar al inicio del ministerio de Saulo. Hechos 11:25-26 dice: "Después fue Bernabé a Tarso para buscar a Saulo; y hallándole, le trajo a Antioquía. Y se congregaron allí todo un año con la iglesia, y enseñaron a mucha gente. . ."

A veces lo más significativo que podemos hacer por el Reino de Dios es alentar a otros. Sólo Dios sabe el alcance que puede tener en sus vidas nuestra inversión. Cuando Bernabé dedicó tiempo para animar a Saulo, dudo que se haya imaginado que su bondad afectaría a los creyentes por veinte siglos, pero así sucedió y sigue sucediendo. Nunca cometa el error de tener en poco el valor eterno que tiene el ministerio que usted realiza invirtiendo su vida en favor de otros.

En el pequeño Pueblo de Blantyre, Escocia, un obrero común, llamado David Hogg, enseñaba a los jovencitos en una clase de escuela dominical, año tras año, con una devoción tal que era la admiración de todos los que lo conocían. De esa clase salió un joven, llamado David Livingstone, hacia el gran continente de Africa, para gastar su vida, yendo de pueblo en pueblo por la selva, testificando de la fe cristiana. Algún tiempo después llegó otro misionero a uno de esos pueblos en donde Livingstone había estado años atrás, y enseñó sobre la vida y el ministerio de Jesucristo. Una anciana lo interrumpió, y le dijo: "¡Ese hombre estuvo aquí!"

Hombres y mujeres, piensen lo que significa: una iglesia aldeana en la lejana Escocia; un niño pequeño en el santuario; un maestro de escuela dominical consagrado; y el resultado es que las huellas de Cristo entran y salen de las barrosas aldeas de Africa.[1]

¡Ese es el extensivo alcance del poder del estímulo!

Ninguno de nosotros ha tenido jamás la posibilidad, ni la terrible responsabilidad, que tuvo Winston Churchill, de inspirar y mantener la moral de toda una nación en su hora de mayor crisis. Tampoco habrá muchos que serán usados por Dios como lo fue Bernabé, para animar a una iglesia acosada por la persecución. Pero la vida nos proporciona algunas oportunidades de ser una fuente de ánimo a otros en momentos de crisis. Con frecuencia serán miembros de nuestra propia familia, nuestra esposa o nuestros hijos. La forma en que respondamos podrá hacer la diferencia entre una vida productiva y útil o una vida sin esperanza.

---

1 Donald MacLeod, "Something Happened in Church", citado en *The Twentieth Century Pulpit*, ed. por James W. Cox (Nashville: Abingdon Press, 1978), p. 134.

John L. Gwaltney es un profesor de antropología de la Universidad de Siracusa, Nueva York. Además de los doctorados honoris causa de la Universidad de Bucknell y de la Universidad de Upsala, tiene un doctorado de la Universidad de Columbia. También es el autor de *The Thrice Shy: Cultural Accommodation to Blindness* (La triple vergüenza: la adaptación de la cultura a la ceguera) y de *Drylongso: A Self-Portrait of Black America* (Sequía prolongada: Autorretrato de la América negra). Estas credenciales son significativas para cualquiera, pero para alguien que nació en la víspera de la gran depresión, ciego, y negro, son absolutamente increíbles.

¿Cómo lo logró?

Su madre fue una "Bernabé", una animadora, y le transmitió el don de la confianza en sí mismo. Le enseñó la diferencia entre lo que él pensaba que podía hacer y lo que ella sabía que podría hacer. El dijo: "Tengo que agradecerle a mi madre el que nunca me considerara como un pobre niño ciego. . . Cuando era niño ella me decía: 'Siento en el alma que tus ojos no estén bien. Si yo pudiera, te daría los míos. Pero tienes un buen cerebro y aprenderás a pensar, tan cierto como que me llamo Mabel Harper Gwaltney.'[1]

Ella era infatigable en sus esfuerzos por procurar que él no sucumbiera ni a la compasión de sí mismo ni a los oscuros y limitativos confines que la ceguera impone a tantas personas. Al primer indicio de un gemido en su voz, actuaba como una firme disciplinadora. Una vez, cuando él apenas tenía cinco años, nada parecía complacerlo.

Cuanto más atención recibía, tanto más quería —escribe él. —Cuando yo le pedía a mi madre que me leyera por tercera vez una historia que ya sabía de memoria, me decía que fuera y me sentara a su lado.

—No hay nada que te conforme hoy —dijo—. Todos se sienten así de vez en cuando y puede ser que tú te sientas así con más frecuencia que la mayoría de las personas. Creo que te sientes triste y no sabes qué

1 John L. Gwaltney, "Miz Mabel's Legacy" (*Reader's Digest*, Jan. 1982), pp. 118, 116.

hacer contigo mismo porque no puedes ver, pero debes aprender a contentarte a ti mismo.

Ella me dio algunas tapas rígidas de sus viejas revistas, algunos alfileres y una almohada, y yo me conformé punzando figuras en Braille sobre el duro papel. Cuando le expliqué mis figuras, me dijo:

—Bueno. Ahora, pues, no me estés pidiendo de mi tiempo sólo para ver si lo puedes conseguir.[1]

Cuenta lo siguiente sobre otra ocasión:

Cuando yo desobedecía una orden importante, que había escuchado y comprendido claramente, la llegada de un castigo corporal era tan predecible como la salida del sol. En una ocasión, la consecuencia inevitable de mi desobediencia desenfrenada, motivó que llorara la amiga de mi madre, doña Nelly, cuyo principal deleite era malcriarme. Las silenciosas lágrimas de doña Nelly, que mostraban una compasión fuera de lugar, decían en forma más elocuente que las palabras: 'Mabel, ¿cómo puedes hacerle eso a un pobre niño ciego?'

Mi madre le dijo: 'Nelly, este niño no tiene ningún problema con sus oídos.'[2]

Aunque la señora se manejaba con mucha mayor facilidad con la palabra hablada, dirigió un escrito lleno de dignidad, solicitando ayuda a la Primera Dama de la Nación, la señora Eleanor Roosevelt, y recibió una respuesta rápida por la que se puso a disposición de su hijo una serie de servicios educativos para los ciegos. Además de sus serios esfuerzos para asegurarse de que la ceguera no lo limitara, y que él dispondría de todas las oportunidades que le podían brindar el adiestramiento y la educación, también buscó y probó todos los tratamientos que prometían aun la más leve posibilidad de curación.

Como suele suceder, sus decididos esfuerzos moldearon el carácter de su hijo y aguzaron su mente en una forma natural.

---

1 Ibíd., p. 119.
2 Ibíd., p. 118.

Pasaron muchos años antes de que él tomara conciencia de la medida y la generosidad de la inversión de tiempo y energía que su madre hizo en él.

Cuando colocaban sobre mis hombros la capa de terciopelo del honorífico doctorado en letras en mi universidad —cuenta él—, recordé la profunda deuda que tenía con mi madre, quien había muerto hacía veintiocho años, justo cuando estaba por graduarme en la universidad. Su diligencia, imaginación e insistencia en que lograra la excelencia, me hicieron pensar que me sería posible llegar a tener la carrera de erudito a pesar de mi ceguera.[1]

"Miz Mabel", como se la conocía cariñosamente, fue una "Bernabé" por derecho propio, una madre de estímulo.

Además de ser una fuente constante de estímulo, Bernabé era también un hombre generoso. Para él, las necesidades del mundo eran las suyas, y sus recursos, los recursos del mundo. Hechos 4:36,37 y 35 dice: "José, a quien los apóstoles pusieron por sobrenombre Bernabé. . . levita, natural de Chipre, como tenía una heredad, la vendió y trajo el precio y lo puso a los pies de los apóstoles. . . y se repartía a cada uno según su necesidad."

Hace un tiempo, escuché al misionero Larry Smith describir la desesperante situación de pobreza de Bangladesh, el país más pobre y densamente poblado del mundo. Mientras él predicaba, sentía que el Señor me hablaba al corazón y me di cuenta, tal vez por primera vez, de la verdadera causa de la pobreza y del hambre en el mundo. El problema no es la escasez de recursos; hay muchas tierras, materias primas, riqueza y comida para todos. El problema es la distribución desproporcionada de los recursos disponibles. Un pequeño porcentaje de la población mundial controla y consume un exceso de bienes materiales y espirituales.

Hace alrededor de tres años, estuvimos participando en una campaña para conseguir fondos para construir nuevas instalaciones. A esta campaña la llamábamos Operación Fe, porque no

---

1 Ibíd., p. 116.

estábamos enfocando el tema dinero en forma exclusiva. Más bien, queríamos compartir la visión de la iglesia y alentar a nuestra congregación a que creyera junto con nosotros. Por supuesto, a todos los que captaban la visión, los animábamos a ofrendar para que el proyecto se convirtiera en realidad. Para la mayoría de nosotros eso significaba dar dinero, tiempo y talentos. Para Ben y Rochelle significó algo más, mucho más.

La hermana de Ben necesitaba un trasplante de riñón y él era un donante aceptable. Visto desde una distancia prudencial podría parecer que eso no era demasiado importante, pero cuando uno lo aprecia más de cerca, el asunto es muy diferente. En primer lugar existe el riesgo habitual de una cirugía mayor, luego las consecuencias de tener de por vida un solo riñón en lugar de dos, y el mayor riesgo si se produce una enfermedad o lesión. ¿Qué pasaría si le sucediera algo al riñón que queda?

De pronto ésta dejó de ser una pregunta teórica para convertirse en un asunto de vida o muerte. Ben tenía que tener en cuenta a su esposa y a sus futuros hijos. ¿Cómo les afectaría a ellos, a la larga, esa decisión? Además, debían considerar los detalles difíciles de la situación, tales como el tiempo que Ben estaría sin trabajar sin disfrute de sueldo, el viaje a Mineápolis, la pérdida de las vacaciones, y el dolor mismo de la cirugía.

Por último, Ben sintió que Dios le pedía que le confiara a él su vida, su riñón. Luego de mucha oración, llegó a la conclusión de que no tenía derecho a vivir con dos riñones mientras que su hermana, que no tenía ninguno, se estaba enfrentando con la muerte, a menos que le hicieran un trasplante. Podría haber dicho que lo hiciera otra persona, otro miembro de la familia. Podría haber animado a su hermana a buscar el riñón de un muerto. Pero no lo hizo. El amor no se lo permitió: su amor a ella, y su amor a Dios. Y así Ben y Rochelle decidieron que él debía donar su riñón, lo que era dar parte de su vida por su hermana.

No pudo ser una decisión tomada a la ligera. No era algo de lo que se podía volver atrás. Era una decisión a la que tuvieron que llegar basándose en la elección de "la peor alternativa para ese caso", lo que podría suceder si Ben tuviera un accidente o contrajera una enfermedad seria. Aun así, habiendo considerado todo eso, y teniendo en cuenta las peores consecuencias posibles, Ben y Rochelle siguieron adelante con la operación, porque creyeron que eso era lo que Dios quería que hicieran y, además, lo que ellos querían hacer.

La mayoría de nosotros no tendremos que tomar una decisión semejante. Nuestras decisiones tendrán menos dramatismo, pero no por ello serán menos significativas. Tendremos que decidir con qué nos quedaremos y qué compartiremos con el mundo, cuál es un estilo de vida razonable a la luz de los necesitados de nuestras propias iglesias, de nuestro propio país, por no mencionar la condición desesperada del pueblo de Bangladesh.

A veces nos sentimos tentados a desechar la necesidad del mundo y nuestra responsabilidad, razonando que lo que podamos dar será demasiado poco como para que haga mella a la pobreza del mundo. Norman Cousins, escribiendo en *Human Options* (Opciones Humanas), considera este preciso tema:

Es verdad que detrás de cada ser humano que clama por ayuda, puede haber un millón o más que también necesitan atención. Pero ésta es la más pobre de todas las razones para que usted no ayude a las personas a las que oye clamar. Entonces, ¿dónde debe uno comenzar y dónde detenerse? ¿Cómo elegir? ¿Cómo determinar cuál, del millón de clamores que lo rodean, merece más que el resto? No se preocupe con tales especulaciones. Nunca lo sabrá; nunca necesitará saberlo. Acérquese y tiéndale la mano al que está más cerca. Si usted nunca fuera capaz de ayudar o salvar a ningún otro, por lo menos habría salvado a ese.[1]

Creo que ésa es la definición de la bondad que da el Nuevo Testamento: hacer lo que usted pueda por aquellos con los que se encuentra, por aquellos que pasan por su vida.

Romanos 12:13 dice: "compartiendo para las necesidades de los santos; practicando la hospitalidad". Y no sólo con el pueblo de Dios, sino con todo hombre, con los extraños, ". . .porque

---

1 Norman Cousins, *Human Options*, citado en *Disciplines for the Inner Life*, por Bob Benson y Michael W. Benson (Waco: Word Books Publisher, 1985), p. 310.

por ella algunos, sin saberlo, hospedaron ángeles" (Hebreos 13:2); y, "si tu enemigo tuviere hambre, dale de comer; si tuviere sed, dale de beber... No seas vencido de lo malo, sino vence con el bien el mal" (Romanos 12:20,21).

Por lo tanto, no cometamos el error de confundir bondad con debilidad; hay una enorme diferencia. Bernabé fue un hombre bueno, pero no un hombre débil. Fue un hombre generoso, pero no alguien fácil de convencer. Cuando la ocasión lo requería, mostraba una definida firmeza. Analice, por ejemplo, la discusión que tuvo con Pablo acerca de Juan Marcos.

Después de algunos días, Pablo dijo a Bernabé: Volvamos a visitar a los hermanos en todas las ciudades en que hemos anunciado la palabra del Señor, para ver cómo están. Y Bernabé quería que llevasen consigo a Juan, el que tenía por sobrenombre Marcos; pero a Pablo no le parecía bien llevar consigo al que se había apartado de ellos desde Panfilia, y no había ido con ellos a la obra. Y hubo tal desacuerdo entre ellos, que se separaron el uno del otro; Bernabé, tomando a Marcos, navegó a Chipre, y Pablo, escogiendo a Silas, salió encomendado por los hermanos a la gracia del Señor, y pasó por Siria y Cilicia, confirmando a las iglesias (Hechos 15:36-41).

En algunas ocasiones, ser un buen hombre significa declararse a favor de lo que es correcto, aun arriesgando una amistad. Sin embargo, note que Bernabé no se estaba declarando en favor de sí mismo ni de sus propios intereses personales. Estaba arriesgando su amistad con Pablo en beneficio de Juan Marcos, de la misma forma en que unos años antes había empleado su influencia con los apóstoles en favor de Pablo. En realidad, sus acciones no deben sorprendernos, pues caracterizan justamente al Bernabé que conocemos y amamos.

Sólo Dios sabe cuántas personas fueron salvas para el Reino por medio de la intervención de hombres buenos como Bernabé, hombres dispuestos a experimentar un aparente fracaso, por el deseo de dar a otro hombre una segunda oportunidad de probarse a sí mismo. Si un hombre tiene algo de firmeza de carácter, si tiene alguna potencialidad para la bondad, no puede menos que estar a la altura de tales circunstancias. Consideremos, por ejemplo, a Juan Marcos. A pesar de su temprano abandono del ministerio, no lo recordamos como un fracasado, sino como un hombre que retornó. De esta forma, ha sido una inspiración y un aliento para todo hombre que alguna vez haya buscado una segunda oportunidad. Llegó a ser un amigo íntimo del apóstol Pedro, y el autor del evangelio que lleva su nombre. En verdad, aun Pablo reconoció su valor y escribió en una de sus últimas epístolas: "Toma a Marcos y tráele contigo, porque me es útil para el ministerio" (2 Timoteo 4:11).

Podemos referirnos también a la historia de Marla, como la relata la autora de obras de gran éxito, Ann Kiemel en su libro *It's Incredible* (¡Increíble!):

> . . .en su momento era una madre soltera, y ahora está casada por segunda vez
> y es la esposa de un siervo de Dios, que fue restaurada,
> y utilizada por el Espíritu de Dios en su pequeño lugar en el mundo.

marla conoce bien el paño cuando le hablan de perdón. se casó por primera vez cuando tenía diecisiete años. todo parecía ir bien, pero cuando estuvo en cinta del primer hijo descubrió que su esposo le era infiel.

un día, antes que naciera el niño, su esposo, david, iba a probar una nueva motocicleta y fue atropellado por un coche. . . tuvieron que amputarle una pierna. david se volvió insoportable. cuando nació una niña, el padre amenazó que la mataría un día porque lloraba y luego que mataría a marla también.

al final, marla tuvo que irse con el niño para salvar la vida. empezó a trabajar en un restaurante, a una poca distancia de su nuevo apartamento.

un policía que frecuentaba el restaurante, cuando hacía su ronda, empezó a mostrarle simpatía. . . de esto siguió mutua atracción. . . y aunque él era casado y con dos niñas, a marla le pareció que le sería difícil resistir

marla dejó el trabajo y se mudó de apartamento. . .
pero dondequiera que iba, allí la encontraba larry, el
policía. . .

marla lo amaba, y al fin se encontró esperando otro
hijo. decidió tener el hijo, pero no quiso interferir
en la vida de larry, que estaba dispuesto a casarse con
ella si era necesario.

marla se mudó a otra vivienda, esta vez a un dúplex.
cuando marla fue a hacerse conocer del matrimonio
joven que vivía en el otro apartamento del dúplex,
éstos, en el curso de la conversación le mencionaron que
estaban a punto de salir para ir a un partido de pelota
organizado por la congregación a que pertenecían.

marla les preguntó a qué iglesia iban. . . y también
si podía acompañarles el domingo.

fue a la iglesia, una pequeña congregación de subur-
bio y los miembros se encariñaron con marla, y le
ayudaron a aceptar que Jesús podía perdonarla, aunque
le fuera difícil a ella perdonarse a sí misma.

dio a luz a un niño y le llamó larry, como el padre, a
quien amaba pero que ahora no sabía dónde estaba. no
había terminado todavía la escuela secundaria y asistió a
clases por la noche. trabajó de firme, aunque tuvo que
recibir ayuda del auxilio social y entonces,
inesperadamente
al cabo de quince meses
larry apareció otra vez.

en medio de su porfiado empeño por rehabilitarse,
llevando una carga capaz de aplastar a una mujer con
mucha más experiencia que ella, que al fin y al cabo era
una chiquilla, marla sucumbió a sus sentimientos por
larry. . . una sola vez estuvieron juntos, pero bastó para
que volviera encontrarse embarazada.

"oh, ann, no podía creerlo. quería morir. ahora no era
ya sólo una vergüenza para mi familia, sino también para
Dios. me decía cristiana, que amaba a Jesús, pero hacía
un disparate tras otro.

quise escaparme y huir no sé dónde. no podía presentar la cara a los miembros de la iglesia. tenía dos hijos y no podía subsistir. ahora venía otro."

marla se fue al baño y empezó a tomar tabletas, de lo que fuera. . .

de repente le pareció que la habitación se llenaba con la presencia de Dios. en sus oídos resonaron la estrofa de un himno que había aprendido recientemente en la iglesia.

Maravillosa gracia, que mana de la cruz
que de mi te apiadaste, un pobre pecador.
hallábame perdido, temblando de terror
pero tú mis tinieblas, has convertido en luz.

allí mismo, en el baño, Jesús se apareció
a marla; allí. . .
en medio de su pecado y su fracaso. . .
El la amó y la perdonó
de nuevo.
encontró amor suficiente para empezar otra vez
también en la iglesia la aceptaron
y la perdonaron.
no sé dónde está esta iglesia, pero
sin duda es tal que daría satisfacción a Jesús.
muchas otras iglesias habrían perdido la fe
en marla y la hubieran desechado.
esta vez marla decidió dar la niña en adopción.
la niña estará ahora creciendo en algún hogar y la
amarán. . . probablemente marla no la verá otra vez,
hasta que la vea en el cielo.

y habrá muchos que comprenderán
esta pena, que es para toda una vida,
que una parte de la carne y sangre de uno mismo
se separe y siga un curso distinto.
pero, hoy marla está casada a un hombre
que la ama a pesar de su pasado.
confía en ella y cree en ella y la perdona,
como Jesús ha hecho. . .
Dios le ha dado más hijos

y su casa está centrada en Cristo.
como se puede ver,
parece increíble. . .
pero esta es la medida de
la profundidad,
la anchura y
la altura del amor de Dios.
quedan cicatrices. . .
claro.
segamos lo que sembramos. . .
verdad.
pero, los pecados son perdonados.
marla ha sido renovada,
vuelve a ser sana, entera, vivificada.[1]

Y éste es el estilo de Bernabé: estímulo, generosidad, perdón, una segunda oportunidad. "Cristianismo en acción": el toque compasivo, la esperanza para un mundo herido.

1 Ann Kiemel, *It's Incredible* (Wheaton: Tyndale House Publishers, Inc., 1977), pp. 80-84.
Versión española: *¡Increíble!*, trad. por Xavier Vila (Terrassa: Libros CLIE, 1980), pp. 66-70.

Capítulo 3
El fracaso no es el fin

Señor, aquí está mi vida,
tal como es,
un mosaico de pequeños triunfos
intercalados con innumerables fracasos.
Una vida común, la mayor parte del tiempo,
por momentos bien vivida, pero a veces desperdiciada,
que necesita, y esto sin dudarlo, una nueva dirección.
Te ruego que me gobiernes con tu amor santo,
que dirijas todas las decisiones de mi vida.
Enséñame a planificar
mis limitados recursos de tiempo y talento,
para que no continúe malgastándolos en forma necia,
en metas egoístas
y en cosas que carecen de verdadera significación.
La he administrado mal durante mucho tiempo,
he cometido muchos errores,
he desperdiciado muchas oportunidades,
he fracasado con demasiada frecuencia.
Ahora me pregunto
si aun tú puedes saldar mis cuentas.
Mis esperanzas se acrecientan cuando recuerdo a
David,
Jacob,
Pedro,
y aun a Juan Marcos.
Cada uno fue un fracaso,
y sin embargo tú redimiste sus errores,
usaste sus fracasos
como herramientas en tus manos,
y aun hiciste que sus terquedades y sus extravíos
contribuyeran para tu designio eterno.
Por otra parte, me acuerdo del pródigo

que insistió en hacer su vida,
y terminó alimentando cerdos en la tierra lejana.
El también regresó,
fue perdonado y restaurado.
¡No se habló más de sus fracasos!
   Hoy,
reconozco ser aquel pródigo,
que he acumulado un fracaso tras otro.
Pero estoy volviendo a ti,
   algo gastado,
      con algunas partes rotas,
con la esperanza de que una vez más serás el Padre perdonador.
   Sabiendo que si hay alguien
   que puede saldar mis cuentas,
   que puede redimir mis fracasos
   y hacer de mi un hombre nuevo,
      ¡ese eres tú!
   Hazlo, Señor, te ruego.

   Amén.

Capítulo 3

El fracaso no es el fin

El fracaso hiere; frustra, desconcierta y humilla. Aunque usted haga una lista de sus posibles beneficios, y argumente que forja el carácter, que nos enseña a ser compasivos; aun así hace sufrir. Esto no quiere decir que los beneficios no sean reales, porque lo son. El fracaso puede contribuir en forma significativa al desarrollo personal, pero eso no anula el dolor. Lo redime, le da un propósito noble, pero no lo elimina. De cualquier forma que lo minimice, ¡el fracaso hace sufrir!

Uno de los recuerdos más vívidos que tengo de un fracaso tiene que ver con una desilusión que sufrí varios años atrás. Brenda y yo nos ofrecimos como candidatos para el pastorado de una iglesia que tenía buenas perspectivas. Cuando la congregación hizo la votación, eligió a otra persona.

Mantengo aún en el recuerdo el arrebato de calor que encendió mi rostro cuando el presidente del comité de predicación me llamó por teléfono para informarme sobre la decisión tomada por la iglesia. Recibí la llamada en el escritorio de mi dormitorio. Después tuve que dirigirme a la sala de la casa, para encontrarme con Brenda y algunos amigos especiales que estaban ansiosos por conocer la noticia. ¿Por qué se me habría ocurrido invitarlos a visitarnos esa noche?

Unas horas antes, cuando estaba seguro de que resultaría elegido, me pareció una buena idea, una forma agradable de pasar el tiempo mientras esperábamos la llamada del presidente. Ahora tenía que enfrentarlos, les tenía que decir que la congregación había votado por el otro candidato. ¿Qué podría decir? ¿Cómo lo podría explicar?

Me demoré unos minutos más en mi habitación, simulando estar hablando por teléfono, dilatando lo más posible el momento inevitable. Me invadió una multitud de emociones. Desconcertado, tuve la sensación de haber sido degradado, como alguien que es rechazado. La iglesia me había juzgado a mí y a mi ministerio, y me desaprobaron. Dentro mí hervía de enojo mientras pensaba: ¡qué forma más estúpida de elegir a un pastor! Me sentí un inútil, como si alguien estuviera controlando mi vida, y más enojado aun, porque estaba impotente para hacer algo para modificar la situación. Mi boca se llenó del amargo sabor de la decepción. Había estado demasiado seguro de que esa era la iglesia indicada para nosotros, seguro de que ellos nos elegirían como sus pastores. Todos nuestros planes se habían basado en esa seguridad, y ahora nos quedábamos sin nada.

Cuando me decidí a regresar a la sala, no tuve que recurrir a las palabras, pues mi rostro lo dijo todo. No pude ni comenzar a hablar. No sabía qué decir. Además, no podía confiar en mi voz.

Luego de un silencio que pareció durar una eternidad, Brenda dijo muy suavemente:

—No lo conseguimos, ¿verdad?

Hice una seña afirmativa con la cabeza, nada más. Felizmente, nuestros amigos tuvieron el acierto de compartir nuestro desengaño en silencio, sin intentar darnos un consuelo falso.

Esto sucedió hace ya catorce años, y desde entonces he experimentado una cantidad de fracasos adicionales. Después de un año de ser pastor asociado, me pidieron que renunciara. Una iglesia que yo pastoreaba sufrió una dolorosa división. Tres manuscritos de libros que presenté para su publicación fueron rechazados varias veces y nunca llegaron a publicarse. Cometí un grave error cuando designé mi primer ministro asociado y, después de sólo un año, le tuve que pedir la renuncia. Hay más, pero creo que lo dicho es suficiente.

¿Soy un fracasado? De ninguna manera, aunque he fracasado muchísimas veces. Y creo que ésta es la primera lección que debemos aprender si es que vamos a superar nuestros fracasos. Recuerde que nuestros fracasos no nos convierten en fracasados. Lo que sí puede lograrlo es que aceptemos nuestro fracaso y nos neguemos a intentar otra vez.

Cuando vemos personas exitosas, con frecuencia damos por sentado que han ganado siempre, que siempre estaban en el lugar correcto y en el tiempo justo, que no fracasaron nunca, que nunca fueron rechazadas. Si se conociera la verdad, el hecho es que muy pocas personas logran algo valioso en la primera oportunidad en que lo intentan. Aun las personas de más exito tienen por lo general una carrera que incluye fracasos así como éxitos.

Considere a Winston Churchill:

Durante la guerra del Transvaal estuvo encarcelado en Pretoria, en Sudáfrica, pero después se escapó. Pasaron los años, y siendo el Primer Lord del Almirantazgo, fue responsabilizado en forma personal por el costoso desastre de los Dardanelos y se lo obligó a renunciar. Aun después de conducir exitosamente a su país en otra guerra, sus compatriotas lo rechazaron en las elecciones. Sin embargo, permaneció impávido y resurgió para ser el Primer Ministro de Inglaterra en su hora más oscura. Murió siendo el hombre más estimado de su generación.[1]

Por más de veinte años Robert Frost resultó un fracaso. Con frecuencia decía que durante ese tiempo fue una de las muy pocas personas que sabían que él era poeta. El mundo lamentó su reciente partida, y sobresale en la actualidad como uno de los escritores de poesía más grandes de los Estados Unidos de América. Se han publicado sus poemas en veintidós idiomas, habiéndose vendido, sólo de la edición norteamericana, la cifra récord de un millón de ejemplares. Ganó cuatro veces el ambicionado premio Pulitzer

1 Charles Hembree, *Pocket of Pebbles* (Grand Rapids: Baker Book House, 1969), p. 36.

para poesía, y probablemente lo condecoraron con más títulos honoríficos que a cualquier otro hombre de letras.[1] Durante años, Alexander Graham Bell fue un fracasado, y sufrió, uno tras otro, humillantes reveses. Durante gran parte de su vida hubo quienes se rieron de él y lo ridiculizaron cuando cruzaba Nueva Inglaterra tratando de reunir capital de riesgo para la producción de su invento. Hoy nadie se ríe de Bell. Pero él tuvo que experimentar la amargura del fracaso antes de poder triunfar.

Cuando Walt Disney recorrió Hollywood con su insignificante idea de la película de dibujos animados "El buque de vapor Willie", estaba en quiebra y, de acuerdo con todas las normas corrientes, era un fracasado.

El primer esfuerzo de Johnny Carson en su propio programa de televisión fue un terrible fracaso, y durante varios años fue un hombre olvidado, pero no se dio por vencido. En la actualidad es el modelo por el cual se juzga a todas las personalidades de la televisión.

Todo esto está bien y es bueno —en verdad nos anima—, pero también provoca algunas preguntas: ¿Por qué el fracaso destroza a algunas personas y a otras no? ¿Hay algunos principios que nos ayudan a superar el fracaso? ¿Y cómo puedo transformar mis errores y mis derrotas en éxitos?

Estas no son preguntas meramente teóricas, sino asuntos de vida o muerte para todos los que hemos tenido que luchar con deficiencias evidentes. En los últimos veinte años me he visto en varias ocasiones atrapado en el fracaso y al borde mismo de desesperar y abandonar. Sin embargo, en cada una de esas oportunidades, descubrí que Dios es fiel, y encontré en su gracia los recursos que me capacitaron para vencer. Dios no me liberó de una manera sobrenatural, sino que me dio los indicios y el entendimiento que me capacitaron para pasar a través de mis fracasos, y que al mismo tiempo me prepararon para afrontar las dificultades futuras.

---

1 Ibíd., p. 53.

Las Escrituras me han sido de tremenda ayuda. En ellas aprendí que Dios puede redimir nuestros errores; es decir, usarlos para que contribuyan a perfeccionar nuestra semejanza a Cristo. Esto no significa que Dios desee que cometamos errores, sino más bien que hará buen uso de ellos si se lo permitimos. Romanos 8:28 dice: ". . .a los que aman a Dios, todas las cosas les ayudan a bien. . ." ¡Y esto incluye nuestros errores, y aun nuestros fracasos!

Numerosos ejemplos bíblicos me convencieron de que el fracaso no es el fin; al menos, no tiene por qué serlo. En ningún otro caso se demuestra esta verdad con tanta claridad como en la experiencia de Moisés. A los cuarenta años, en un arranque temperamental (podría argumentarse que se trataba de una justa indignación), Moisés mató a un capataz egipcio y enterró su cuerpo en la arena. Cuando las autoridades se enteraron de esto, Moisés huyó al otro lado del desierto y allí pasó los siguientes cuarenta años como fugitivo, pastoreando las ovejas.

Piense en esto: de ser un príncipe en el palacio del Faraón, pasó a ser un fugitivo al otro lado del desierto. Y eso no describe ni siquiera la mitad de la situación, sino que apenas llega a insinuar las repercusiones espirituales y sicológicas que tuvo. Para comprenderlas, debemos comparar el relato de Esteban en Hechos 7, con lo que el mismo Moisés escribió en el libro de Exodo. Esteban describe a Moisés como ". . .poderoso en sus palabras y obras" (Hechos 7:22). Sin embargo, Moisés escribe: ". . .nunca he sido hombre de fácil palabra. . . soy tardo en el habla y torpe de lengua" (Exodo 4:10). En la Biblia al Día dice: ". . .soy tartamudo."

A simple vista esto puede parecer una contradicción, pero en un análisis más profundo, revela simplemente el efecto devastador que ejerció sobre Moisés el fracaso que había sufrido. Antes de aquel día fatal, Moisés tenía confianza en sí mismo, y era un orador dotado que hablaba con seguridad. Ya había aceptado el llamado de Dios para liberar a su pueblo. Hechos 7:25 dice: "Pero él pensaba que sus hermanos comprendían que Dios les daría libertad por mano suya; mas ellos

...ían entendido así." Luego de matar al egipcio, ...e llenó de desconfianza en sí mismo. Si realmente había sido llamado por Dios, ¿por qué fracasó? ¿Por qué su propio pueblo lo rechazó? ¿Sería acaso su llamado el producto de su imaginación?

Luego siguen la pérdida de estado y de prestigio social junto con las consabidas consecuencias sicológicas. Pasó del palacio del Faraón a la tienda de un pastor de ovejas; del esplendor urbano de Egipto al desierto desolado de Madián. No es de extrañar que Moisés tartamudeara. Su dignidad estaba destrozada. El sentimiento de culpa lo hizo venir abajo y lo dejó con la lengua atada. El remordimiento lo dejó mudo. Por cuarenta años fue un hombre olvidado, un fracasado. Luego Dios le habló desde una zarza ardiente.

Si puede, imagínese un hombre de ochenta años, un oscuro pastor de ovejas, curtido por la intemperie, descalzo y parado frente a una zarza ardiente en medio del desierto, escondiendo su rostro entre las manos como un modesto sirviente. Ese es Moisés. Está descalzo porque la voz de en medio de la zarza le dijo que estaba pisando tierra santa y que lo correcto era estar con los pies descalzos. La idea de esconder el rostro fue suya, y fue una buena idea, porque ¿qué hombre entre nosotros se atreve a mirar de frente al Todopoderoso?

En momentos así, cuando usted está a solas con Dios y nadie más, cada acto egoísta, cada desobediencia, cada fracaso, aparece con una claridad que avergüenza. Y aun así Dios no castigó a Moisés, no le regañó. En lugar de eso, renovó su llamado: ". . .y te enviaré a Faraón, para que saques de Egipto a mi pueblo, los hijos de Israel" (Exodo 3:10).

"Entonces Moisés respondió a Dios: ¿Quién soy yo para que vaya. . .?" (v. 11). Esto implicaba decir: "¿No recuerdas quién soy? Soy un hombre buscado, un asesino. Hace cuarenta años lo intenté y fracasé. Ellos no me creyeron, ¿por qué me van a creer ahora? Me siento fracasado, Dios, has elegido al hombre incorrecto. Soy incompetente para esto."

Su razonamiento era correcto, pero no su enfoque. El llamado de Dios no tiene la finalidad de confirmarnos que tenemos los dones y las capacidades, sino la de darnos la promesa de su suficiencia. Su llamado es un acto soberano de su gracia y fidelidad. Estas son buenas noticias, especialmente para los que estamos luchando con el fracaso. Moisés venció su fracaso pasado, o tal vez sería mejor decir que Dios redimió ese fracaso. No sólo le dio una segunda oportunidad, sino que esta vez Moisés tuvo éxito. Desafió al poder militar de Egipto y ganó. Enfrentó al Faraón y negoció la liberación de dos millones de esclavos, y los guió a la libertad. A continuación les dio un sistema de gobierno, una teocracia. Organizó su religión, diseñó y construyó su lugar de adoración, y les habló de parte de Dios. Durante cuarenta años, fue su padre espiritual, su sacerdote, su profeta, su general y su primer ministro. Además, escribió los primeros cinco libros de la Biblia, incluyendo los Diez Mandamientos que constituyen hasta el día de hoy la base del orden moral en nuestra sociedad.

Si usted ha fracasado, no se desespere, ni siquiera en el caso de que su vida haya sido un verdadero desastre. Pablo dice: ". . .irrevocables son los dones y el llamamiento de Dios" (Romanos 11:29). Es decir, no hay nada que pueda hacer, no hay desobediencia premeditada, ni error craso, que pueda motivar que Dios revoque su llamado para la vida de usted.

O, como dice el predicador escocés James S. Stewart:

¡No hay nada en el cielo ni en la tierra tan tenaz, resuelto, obstinado y persistente, como la gracia (de Dios) que quiere salvar!. . . Como usted comprenderá, esto significa que para la persona que cree en Dios no existe tal cosa como un desastre irreparable, ni una discordia que no contribuya a la armonía final, ni espinas que no puedan ser tejidas en una corona, ni un desvío del designio original que no pueda ser convertido por los dedos expertos de Dios en un diseño totalmente nuevo.[1]

¡Esto quiere decir que no existe ni siquiera un solo fracaso que Dios no pueda redimir!

---

1 James S. Stewart, *The Wind of the Spirit* (Nashville: Abingdon Press, 1968), pp. 143, 145.

Esta verdad se me presentó de una manera muy clara hace alrededor de cinco años, cuando me vi envuelto en una dolorosa confusión que yo mismo había creado. Había invitado a un amigo a unirse al equipo pastoral de mi iglesia y, al cabo de unas pocas semanas, me di cuenta que había cometido un grave error. Ambos tratamos con empeño de lograr que la situación anduviera bien pero, a pesar de nuestros mejores esfuerzos, las cosas continuaron deteriorándose. Transcurridos diez meses, llegué a la conclusión de que debía hacer algo. Aunque de mala gana, decidí pedirle que renunciara. Tal vez esta haya sido la decisión más difícil de mi vida.

Llegó la mañana funesta y yo lo invité a mi oficina. Con un sentido de desesperación le informé sobre mi decisión. Traté de hacerlo lo menos doloroso posible, pero una cosa tan dolorosa no se puede hacer sin dolor. El consejo de la iglesia había acordado darle una generosa indemnización, incluyendo el sueldo de cuatro meses y una ofrenda de amor de la congregación, así como también hacer una recepción en su honor. Sin embargo, todo lo que él percibió fue mi rechazo y durante los primeros veinte minutos dio rienda suelta a su herida y frustración.

Lo escuché sin decir nada, sin hacer ningún intento para defenderme o justificar mi decisión. Ya le había detallado mi razón y no podía hacer nada más. No importaba lo que yo pudiera decir, de todos modos él lo tomaría a mal y me lo reprocharía.

Para comprender claramente mi fracaso y mi dolor, usted debe recordar que este hombre era un amigo íntimo. No era tan simple como despedir a un miembro del equipo; le estaba pidiendo la renuncia a un amigo querido. Se parecía más a un divorcio que a otra cosa. Habíamos sido amigos por diez años, y yo sabía que esto podía concluir con nuestra amistad. Yo no quería que terminara, sólo reconocía ese hecho doloroso. Después que él se fue, me senté en mi escritorio por un tiempo largo y lloré en silencio.

Los días siguientes fueron muy similares a los que experimenta la familia apesadumbrada cuando muere un ser querido. Las tareas se hacían en forma rutinaria, se cumplía con las obligaciones, se completaba las tareas, pero todo lo que se hacía eran actos rutinarios, como de un sonámbulo. Y el dolor nunca desapareció.

Me culpé a mí mismo, no por su renuncia, sino por mi error de haberlo contratado inicialmente. Pensaba y volvía a pensar: si tan sólo hubiera escuchado las reservas silenciosas del consejo oficial de la iglesia; si tan sólo hubiera seguido el consejo de mi mentor espiritual; si tan sólo hubiera oído las inquietudes de Brenda. Pero no; yo quise hacerlo a mi manera. Y fíjese en que resultó. No sólo perdí un amigo, sino que también lo avergoncé, ofendí su espíritu, y le causé no poca pena a mi congregación, esto sin llegar a hablar de la profunda e indecible angustia que tuve dentro mí, terrible, mucho más real de lo que pueda imaginarse.

La congregación se sintió tan herida y confundida como los niños cuando sus padres les anuncian de pronto que se van a divorciar. Ellos nos amaban a los dos, y sin embargo se vieron forzados a elegir entre nosotros. Nosotros no queríamos que lo hicieran, pero esa era simplemente la naturaleza de la situación. Ellos observaban nuestra formal cortesía en público y no podían evitar de compararla con la cómoda camaradería que habíamos exhibido inicialmente. Nuestro dolor y quebrantamiento llegaron a ser de la congregación, y una sombra oscura se asentó sobre nuestro compañerismo.

Su renuncia no se hizo efectiva sino a la tercera semana, y él siguió viniendo a la oficina casi a diario, aunque en realidad no había motivo para que lo hiciera. Después del primer día no hubo más explosiones, sino sólo una cortesía fingida. Nos hablábamos, cuidando de no infligir algún nuevo dolor, y nuestra cautela fue más dolorosa que cualquier cosa que hubiéramos dicho. Teníamos charlas cortas, tratando de aparentar que todo estaba como debía estar, pero había un tono monótono en nuestras voces, un trágico recuerdo de la situación terrible que había sucedido, algo por lo que nuestra amistad podría perderse para siempre.

Aquellas tres semanas fueron las más largas de mi vida. Parecía que nunca iban a terminar, pero finalmente terminó la recepción en su honor y él se fue de la oficina. Todavía quedaba mi aflicción, cerniéndose sobre mí como la niebla que cubre la tierra. La depresión me hizo letárgico, alimentó mi desconfianza en mí y me persiguió con preguntas dolorosas. Tal vez este era el "Principio de Pedro" puesto en práctica, tal vez yo era una demostración viva de que la gente tiende a levantarse al nivel de su incompetencia. Tal vez yo no era capaz de pastorear una iglesia con un equipo múltiple.

Sus críticas volvían sobre mí con extremo; yo era inseguro, era falso, estaba celoso, no era capaz de tener una relación sincera. Tal vez él tenía razón. Quizás todo sucedió por mi culpa. Si tan sólo pudiera volver atrás y hacer todo de nuevo. . . Si tan solo. . .

Mis pensamientos dolorosos dieron impulso dentro de mí a algo más profundo, y vino a mi mente un recuerdo vago, una especie de pensamiento a medio formar, algo que quizás le escuché decir a alguien. Traté de enfocarlo por medio de la concentración, pero me esquivó, se ubicó justo fuera de mi alcance, en el borde mismo de mi mente.

Y otra vez el remordimiento: si tan solo. . . ¡Eso sí que era!

Recordé haber oído decir a un reconocido sicólogo que las tres palabras más tristes del vocabulario humano son "si tan sólo". Continuó explicando que muchas personas se sienten atrapadas en sus fracasos y pasan toda una vida diciendo: "si tan sólo". Si tan sólo hubiera intentado con más firmeza. Si tan sólo hubiera sido un mejor padre. Si tan sólo no hubiera sido infiel. Si tan sólo. . .

Para evitar esta clase de esclavitud autoimpuesta, él sugería que lo sustituyéramos por las palabras "la próxima vez": la próxima vez haré un mejor juicio; la próxima vez seré un mejor padre, un mejor marido. La próxima vez lo intentaré con más firmeza.

La expresión "si tan sólo" enfoca los fracasos pasados y nos sentencia a una vida de remordimientos. En cambio, la expresión "la próxima vez" lleva nuestra atención hacia el futuro y nos inspira a intentarlo de nuevo.

Con una resolución firme, decidí poner mi atención en el futuro. Determiné, entonces y allí, que no iba a vivir el resto de mi vida aprisionado por ese fracaso. Aprendería de él, seguramente, y haría lo mejor para no volver a cometer los mismos errores, pero no ganaría nada si continuaba regañándome a mí mismo. El remordimiento era un lujo que no podía soportar más.

Vino a mi mente otra historia, la del señor Watson, presidente de I.B.M. Una vez, se dice, le dio un consejo valiosísimo a un escritor que pasaba penurias:

Usted comete un error común cuando piensa que el fracaso es el enemigo del éxito. De ningún modo es así. El fracaso es un maestro, tal vez antipático, pero el mejor. ¿Dice usted que tiene el escritorio lleno de manuscritos rechazados? ¡Excelente! Cada uno de esos manuscritos fue rechazado por alguna razón. ¿Ya los examinó minuciosamente para descubrir esa razón? Yo me manejo de esa manera en mi trabajo, cuando me encuentro con una idea que resulta contraproducente o cuando fracasa un programa de ventas. Usted tiene que procurar que el fracaso se convierta en un servidor suyo.

Usted puede desalentarse por el fracaso, o puede aprender de él. Por lo tanto, continúe cometiendo errores. Cometa todos los que pueda. Porque, recuerde, así es como va a encontrar el éxito. Del otro lado del fracaso.[1]

¿Cómo lo había dicho? "El fracaso es un maestro, tal vez antipático, pero el mejor."[2] No es un enemigo, sino un maestro. "Usted puede desalentarse por el fracaso, o puede aprender de él."[3]

¡Qué idea! Yo tenía la oportunidad de aprender por medio de mi trágica experiencia. No era inevitable que me destrozara. Este

---

1 Arthur Gordon, *A Touch of Wonder* (Old Tappan: Fleming H. Revell Company, 1974), p. 73.

2 Ibíd.

3 Ibíd.

dolor, horrible e inexorable como era, podía convertirse en un aliado. Sí, era un maestro antipático, pero su misma dureza me sensibilizó para aprender las lecciones que de otra forma nunca hubiera aprendido.

Abracé mi dolor con ternura, lo invité a quedarse, hice las paces con él. Por eso no se fue, ni siquiera después de un largo tiempo, pero, al menos, ya no resultaba inútil. Ahora cumplía un propósito, y eso hizo que llegara a ser más soportable. Decidí que no desperdiciaría el valor de ese fracaso. Me había costado caro, y estaba resuelto a aprender de él lo más que pudiera.

Examiné el episodio con cuidado. Lo repasé paso por paso, comenzando con la idea inicial y elaborándolo hasta su trágico final. Hice un listado de mis errores, luego los clasifiqué para descubrir dónde estaban los puntos en que había fallado mi lógica, dónde las motivaciones incorrectas, o las conclusiones inexactas, y aun los fracasos en las relaciones. Los encontré. Estaban allí donde nunca lo hubiera pensado. Esto también fue doloroso, porque me estaba viendo a mí mismo como nunca antes me había visto, pero me fortalecí con el conocimiento de que Dios estaba redimiendo mis fracasos. El usaría cada lección dolorosa para hacerme un pastor más eficiente, una persona más compasiva.

Todavía quedaba algo por resolver y era yo quien tenía que decidir la acción a tomar. Mi congregación continuaba en un estado de preocupación; quedaban preguntas sin responder, ponían en duda mi credibilidad. Después de mucha oración, decidí confesar mis fracasos, reconocer mis errores, y buscar el perdón de aquellos a quienes había agraviado. La iglesia sabía que algo andaba mal, que en algún punto yo había cometido algunos errores. Lo que ellos no sabían es si me había dado cuenta de mis errores y en eso, más que ninguna otra cosa, estaba fundada su incertidumbre. Desde aquel momento, llegué a comprender que la gente está dispuesto a perdonarnos casi cualquier error, con tal de que lo reconozcamos y lo confesemos. Lo que ellos no pueden perdonar es nuestra falta de disposición para admitir nuestros fracasos.

Transcurridos ya cinco años, al considerar la experiencia

vivida, advierto que, aparte del hecho real de que fue una experiencia muy dolorosa, me proporcionó un aprendizaje de mucho valor. Aquel fracaso no fue provocado por Dios, ni él deseó que se produjera, sino que sucedió por mi culpa, y asumo plenamente mi responsabilidad, pero puedo decir que, en verdad, Dios lo utilizó.

Podría ser que usted esté razonando de esta forma: Todo lo que usted dice está bien, es correcto, pero los fracasos que yo he tenido son más serios. Hasta acá ni siquiera se ha referido a ellos. Todo lo que ha venido diciendo tiene que ver con fracasos en los negocios o negocios que se malograron. Fueron dolorosos, por cierto, pero no pecaminosos, claramente no fueron pecaminosos. En cambio, mis fracasos son de índole espiritual. Le fallé a mi familia y a Dios. ¿Hay alguna esperanza para mí?

Hace algunos años un hombre vino a mi oficina en busca de consejo. Se sentía tan avergonzado que prefería verme a mí en lugar de ver a su propio pastor. Había cometido actos tan despreciables que no podía vivir consigo mismo. Apenas terminé de cerrar la puerta de la oficina ya estaba postrado de rodillas llorando. Durante varios minutos lloró delante del Señor. Después de eso pudo componerse y sólo entonces me compartió su oscuro secreto.

Era un buen hombre, un cristiano, y nunca había pensado involucrarse con el pecado, pero lo hizo. Comenzó en forma inocente tomando por la mañana un café en una tienda de conveniencia. Luego comenzó a curiosear revistas pornográficas en el mostrador mientras tomaba su café. Entonces compró una revista y después otra.

A partir de ese punto la historia tiene una secuencia demasiado común. De las revistas pasó a los videos prohibidos y luego buscó los servicios de una prostituta. Por supuesto, esta progresión degenerativa no tuvo lugar de la noche a la mañana. Fue sucediendo durante varios meses y a cada paso que daba se decía a sí mismo que no iría más allá, pero parecía que le resultaba imposible detenerse.

Pronto estaba viviendo en el infierno que él mismo había creado. Sin dudas, había en todo eso algunos momentos de placer sensual, pero eran seguidos por horas de vergüenza, días y semanas de un remordimiento indecible. No obstante, aun en los momentos de mayor vergüenza, era atraído en forma irresistible hacia lo que él odiaba. Sus oraciones desesperadas parecían impotentes contra los demonios que lo invadían. Entonces, vivía en secreto y con temor. ¿Qué pasaría si alguien lo viera? ¿Qué sucedería si lo encontrara su esposa o alguien de la iglesia? Su matrimonio se resintió, como también su vida eclesiástica. El deseaba salir de eso, quería detenerse, pero había algo que lo empujaba a seguir.

Entonces, sucedió lo peor que había temido. Contrajo una enfermedad venérea y contagió a su esposa. Afortunadamente no era el SIDA, pero igual significaba que se lo tenía que decir a su esposa para que recibiera tratamiento. ¿Cuál sería el desenlace? ¿Lo perdonaría? ¿Volvería a confiar en él? ¡Qué necios y alocados le parecían entonces sus pecados!

Después de escucharlo, lo ayudé a identificar sus fracasos y los pasos que necesitaba dar para rectificarlos. Le había fallado a Dios, había pecado contra él, y ahora necesitaba el perdón y la restauración. Le había fallado a su esposa, le había sido infiel, había roto los votos matrimoniales, y en consecuencia tenía que reconocer sus pecados contra su esposa y pedirle perdón. Y había pecado contra sí mismo, traicionado sus propios valores y deshonrado todo lo que alguna vez consideró que era sagrado y valioso.

No es fácil superar un fracaso de esa naturaleza, de esa magnitud. Pasó meses luchando con la culpa y la depresión. No se podía perdonar a sí mismo, por tanto, ¿cómo iba a creer que Dios lo perdonaría? Quería creer, pero no se atrevía. El perdón parecía ser un bien demasiado preciado para ser posible. Sin embargo, tampoco podía vivir en ese estado de condenación que lo arrastraba a la desesperación y le hacía ver que era un inútil, que nunca sería diferente. De ese modo estaba pisando un terreno fecundo para la tentación. Si nunca volvería a experimentar el gozo de su salvación, entonces ¿por qué no sumergirse del todo en los placeres del pecado?

Luchamos juntos contra esos monstruos, utilizando la oración y la Palabra de Dios. Primero registramos lo que las Escrituras enseñan acerca del perdón. Que la voluntad de Dios es siempre perdonar, que Dios es fiel, que no nos abandonará. El memorizó 1 Juan 1:9: "Si confesamos nuestros pecados, él es fiel y justo para perdonar nuestros pecados, y limpiarnos de toda maldad."

Luego consideramos el tema de la condenación y le ayudé a diferenciar entre la convicción que produce el Espíritu Santo y la condenación que presenta el enemigo. 2 Corintios 7:10 dice: "Porque la tristeza que es según Dios [convicción] produce arrepentimiento para salvación, de que no hay que arrepentirse; pero la tristeza del mundo [condenación] produce muerte."

La convicción que produce el Espíritu Santo nos hace dolorosamente conscientes de nuestra pecaminosidad y de nuestros fracasos, pero aun así, nos motiva a confesar nuestros pecados y a comenzar de nuevo. Nos sorprendemos a nosotros mismos diciendo: "Sé que fracasé, pero la próxima vez actuaré mejor." Por su parte, el sentido de condenación nos induce a que nos demos por vencidos. Nos dice que nunca seremos diferentes, que Dios está cansado de nuestros repetidos fracasos y se va a desentender de nosotros. Nos impulsa a escondernos, a apartarnos de Dios.

El Espíritu Santo es muy específico cada vez que nos convence de pecado. Lo señala con el dedo, lo identifica, para que podamos reconocerlo, llevárselo a Dios y librarnos de él. La condenación con que acusa el enemigo tiene, en cambio, un sentido vago, general; nos crea sentimientos de culpa, de indignidad, pero sin que sepamos en realidad por qué. No identifica un pecado en particular, y así nos impide que lo identifiquemos y seamos librados de él. De hecho, la única ocasión en que la condenación es específica es cuando nos condena por pecados que ya hemos confesado.

Recuerde esto: si se siente culpable por un pecado que ya ha confesado, ese sentimiento no proviene de Dios, y entonces, debe rechazarlo. Cuando Dios perdona nuestros pecados, ha terminado con ellos; nunca los trae de nuevo a la memoria: "Cuanto está lejos el oriente del occidente, hizo alejar de nosotros nuestras rebeliones" (Salmos 103:12)

Volviendo a nuestro caso, el hombre y yo tuvimos que considerar a fondo el proceso de su tentación. Había ciertas cosas que él no podría hacer, determinados lugares a donde no podría ir, no porque fueran en sí pecaminosos, sino a causa de su inclinación al pecado. Por ejemplo, no podría concurrir a las pequeñas tiendas de conveniencia por la sencilla razón de que para él entrañaban un riesgo demasiado grande. Tampoco podría ir a un lugar donde alquilan videos. ¿Parece exagerado? Tal vez, pero estábamos considerando asuntos que eran de vida o muerte: "Si tu ojo derecho te es ocasión de caer, sácalo, y échalo de ti; pues mejor te es que se pierda uno de tus miembros, y no que todo tu cuerpo sea echado al infierno" (Mateo 5:29).

Además, tuvimos que considerar su matrimonio. Su esposa estaba destrozada. Ella no se había casado con un hombre como éste. Aquel hombre era bueno y piadoso, incapaz de hacer las cosas que éste había hecho. Eran cosas de las que no se podía ni hablar, hechos perversos, más allá de lo que ella podía comprender. Y no sólo las había hecho y confesado con detalles sórdidos, sino que además ella tenía ahora en su propio cuerpo la evidencia de ese mal proceder. Había confiado en él, nunca pensó ni en cuestionar sus llegadas tardías. Le creyó cuando le dijo que sus preocupaciones se debían a presiones relacionadas con el trabajo. Pero ahora su confianza se había desvanecido, estaba deshecha bajo la horrible realidad de su infidelidad.

A pesar de todo, ella estaba dispuesta a contribuir a la recomposición de su matrimonio. Quería perdonarlo tan intensamente como él lo deseaba, pero, ¿tendría la capacidad de hacerlo? ¿Podría desentenderse de sus heridas y enojos sin destrozarlo a él, a ambos? ¿Podría aprender a confiar otra vez en él, a respetarlo como un hombre piadoso, como el líder espiritual de su hogar? Estas y muchas preguntas más la atormentaban cada momento del día.

Trabajamos juntos para desentrañar estas incógnitas. Los tres nos abrimos camino a través de ellas, penosamente; las consideramos una por una, y poco a poco sus vidas comenzaron a converger de nuevo. Fue un proceso lento y difícil. Se produjeron varias crisis, momentos en los que no parecía posible lograrlo, pero la gracia de Dios lo hizo.

Esto que relato sucedió muchos años atrás, y estoy agradecido de poder decir que la gracia de Dios fue suficiente para este hombre, y también para su esposa. El camino de retorno fue largo y doloroso, requirió meses de consejería matrimonial y de un intenso ministerio personal, pero valió la pena. Hoy constituyen un matrimonio feliz y activo en su iglesia.

No pensemos que éste sea un caso aislado. Dios tiene antecedentes profusos en la tarea de redimir nuestros fracasos, de cambiar nuestros peores desaciertos en oportunidades para el crecimiento personal y el desarrollo espiritual. Cualesquiera sean sus fracasos, no debe desesperarse. Con la ayuda de Dios, no sólo puede superarlos, sino también sacar de ellos valiosas lecciones. Aun para usted es posible que un doloroso desengaño sea transformado en una experiencia positiva que lo hará crecer espiritualmente.

Pueden suceder dos cosas: "Usted puede desalentarse por el fracaso, o puede aprender de él. Por lo tanto, continúe cometiendo errores. Cometa todos los que pueda. Porque, recuerde, así es como va a encontrar el éxito. Del otro lado del fracaso."[1]

No viva en el pasado. Aprenda de él, pero no sea su prisionero. "Termine cada día —dice Ralph Waldo Emerson— y acabe con él. Hizo lo que pudo. Sin duda se habrán infiltrado algunos desaciertos y absurdos; olvídelos tan pronto como pueda. Mañana será un día nuevo; comiéncelo bien y con serenidad. . ."[2]

El cristianismo es un evangelio de nuevos comienzos, de segundas oportunidades. Dios es un Dios de "la próxima vez", y nos invita a ser personas de "la próxima vez": "Hermanos, si alguno fuere sorprendido en alguna falta, vosotros que sois espirituales, restauradle con espíritu de mansedumbre. . ." (Gálatas 6:1).

---

1 Ibíd.
2 Ralph Waldo Emerson, citado en *Dawnings: Finding God's Light in the Darkness*, ed. por Phyllis Hobe (New York: Guideposts Associates, Inc. 1981), p. 154.

Capítulo 4

Cuando se quebrantan los votos

Era la una de la madrugada
y la campanilla del teléfono junto a la cama
me despertó de un profundo sueño.
Del otro lado de la línea
se oía una voz desesperada.
Mi reacción inicial fue de enojo
(el "viejo hombre" todavía no está muerto),
luego fue de asombro, ¿cómo consiguió mi número?
Al principio no la podía ubicar:
¿Nancy,
    de Craig, Colorado?
Mientras seguía hablando,
comenzó a armarse el rompecabezas.
Mi memoria me dictaba:...
una oración desesperada...
tendida en la cama de un hospital enfrentando la muerte..
un milagro de sanidad...
    la reversión de una insuficiencia renal..
        totalmente curada de diabetes...
¡Gloria a Dios!
    Ahora estaba otra vez desesperada.
Luego de quince años de matrimonio
su esposo se había ido,
dejándola sola y arruinada;
estaba por cumplir cincuenta años,
y no tenía esperanza en el mundo.
    El suicidio revoloteó sobre ella
con las falsas promesas de un dulce olvido
En su hora más negra
tomó su Biblia,
y de ella cayó una foto de Brenda y mía.
    Renació una pequeña esperanza:
    "Una vez Dios usó a Richard para salvar mi vida,

tal vez lo use otra vez."
Luego una desesperada oración pidiendo guía.
Se había mudado de Craig antes que nosotros.
Por más que lo intentaba, no podía recordar
dónde vivíamos ahora.
Otro clamor desesperado pidiendo ayuda.
Se acordó de Houston,
y entonces discó al servicio telefónico de ayuda.
Pudo comunicarse con mis padres,
y ellos le dieron mi número que no figuraba en la guía,
y ahora en la oscuridad de la noche estábamos comunicados.
A esta altura mi enojo de cansado había desaparecido,
como así también la confusión,
que fueron reemplazados por su compasión,
y por una sensación de que esta llamada no era accidental.
La fe había nacido de nuevo,
oramos,
¡Jesucristo se manifestó!
Sólo el tiempo revelará cuál fue la respuesta completa,
pero su esperanza quedó restaurada.
Gracias, Señor, por permitirme
ser tu voz de amor y sanidad
para una mujer desesperada
en la oscuridad de la noche.

Capítulo 4

Cuando se quebrantan los votos

Hace poco me vi de imprevisto frente a una joven desesperada. Me encontraba parado al frente de la iglesia, cerca del altar, después de la oración final, cuando ella se me acercó. De inmediato comenzó a abrir su corazón. En cuestión de minutos me había dado un informe pormenorizado de su tercer matrimonio, con todos los detalles del caso, al menos desde su perspectiva.

Se había casado hacía cuatro meses y ya experimentaba síntomas de fracaso. Se había vuelto a casar mientras todavía se recuperaba del divorcio anterior, a fin de evitar su soledad, con un hombre a quien conocía muy poco, y apenas transcurrido un corto tiempo, se encontraba a las puertas de un tercer divorcio.

Para su esposo era el primer matrimonio, y muy a su disgusto, descubrió muy pronto que una esposa era mucho más exigente que lo que podía haber imaginado. Ella había invadido su vida privada, pues hablaba cuando él deseaba el silencio y pedía su atención cuando simplemente él quería estar solo con sus pensamientos. Era un ingeniero, un hombre familiarizado con las abstracciones intelectuales, un solitario que hacía tiempo estaba casado con su profesión. Le interesaba el sexo sólo de vez en cuando; es decir, mientras no interfiriera con algún proyecto en elaboración, o cuando no estuviera demasiado cansado. Pero el dormir juntos era imposible. Necesitaba descansar, y no se sentía cómodo con ella en su cama. Es obvio decir que sus excentricidades sólo agravaban las inseguridades que ella tenía. Los dos divorcios anteriores la habían dejado sola e insegura de sí misma, con una necesidad insaciable de amor y atención, necesidad que amenazaba consumir a su nuevo esposo. Aunque no lo exigía, sin embargo quería que cada minuto libre del tiempo de su esposo le perteneciera a ella. El era su único amigo, su único recurso para tener compañía humana. No podía soportar que estuviera fuera de su vista, hablaba incesantemente, y se aferraba a él hasta que él no podía sufrirla más. Cuando él se alejaba, como debía hacerlo cada tanto para poder sobrevivir, esa distancia le hacía mal a ella, pues se veía en peligro, con lo cual su desesperación aumentaba más aun, y entonces procuraba adherirse a él con más insistencia.

Cuando comprendió su error era demasiado tarde. No estaba en condiciones emocionales para ese tercer casamiento. Aún no habían cicatrizado las heridas de sus dos matrimonios anteriores; no estaba suficientemente sana ni preparada para ese nuevo matrimonio. Por la precipitación con que actuó, se casó con un hombre que apenas conocía, realmente un extraño, y ahora, tenía que convivir con las consecuencias de sus errores. Este matrimonio parecía estar sentenciado al fracaso, a menos que se le pudieran hacer algunos ajustes importantes.

¿Un caso aislado? De ninguna manera.

De acuerdo con la revista U.S. News and World Report, los matrimonios se disuelven al ritmo de uno cada veintisiete segundos. Los números exceden al millón por año, más del doble de los divorcios de dos décadas atrás.[1]

Piense en esto: ¡dos millones de personas por año destrozadas por el divorcio! Y esa cifra no toma en cuenta el número de hijos afectados. Las estadísticas indican que en la actualidad el 45% de los niños que son criados en los Estados Unidos serán víctimas de

---

1 Ted Gest, "Divorce: How the Game Is Played Now", *U.S. News and World Report*, 21 noviembre 1983, citado en *Lives on the Mend* por Florence Littauer (Waco: Word Books Publisher, 1985), p. 79.

la separación o divorcio de sus padres.[1] Si a esto se agregan los padres de las parejas de los divorciados, sus hermanos y hermanas, más sus amigos íntimos, se agregan varios millones más de vidas que quedan afectadas por el trauma del divorcio.

Se puede comparar el efecto del divorcio con el de una piedra arrojada al centro de un lago tranquilo. El salpicón más grande se produce en el lugar del impacto, pero las ondas se expanden en un círculo cada vez mayor. Cuando un matrimonio se disuelve, nadie sufre tanto como el marido y la esposa; sin embargo, el dolor del divorcio no termina en ellos. Si hay hijos involucrados, con frecuencia sienten que de alguna forma son los culpables. Ocurre también que ellos mismos se sienten divorciados, que su padre o su madre no los aman más.

Se agrega a eso el dolor que experimentan los padres de las personas que se divorcian. Es un dolor que con frecuencia se complica con el sentimiento de culpa: ¿En qué estuve actuando mal? Con seguridad este divorcio no hubiera ocurrido si yo hubiese sido un mejor padre o madre.

Súmele a esto el aumento de los gastos que por lo general recae sobre ellos, más la inevitable tensión emocional, y tendrá un vistazo del divorcio desde la perspectiva de los padres. Con frecuencia, ellos también se convierten en una "plataforma de descarga" para el bagaje emocional de sus hijos divorciados. Créame, ellos también sufren, económica y emocionalmente.

¿Y qué de los amigos de la pareja divorciada? Si son amigos íntimos, si los querían profundamente, entonces también se sentirán heridos. Aun en el caso de que sean capaces de seguir siendo amigos de ambas partes, ellos quedan divorciados de la pareja. Han perdido algo precioso: una relación significativa. Las opciones son que una parte o la otra, o quizás ambas, traten de usarlos como una caja de resonancia de sus propios sentimientos, haciendo que la neutralidad sea virtualmente imposible. Los divorciados pueden intentar aun envenenar a sus amigos en contra de su ex cónyuge. Como resultado, después

---

1   E. Galantly y B. Harris, *Marriage and Family Life* (Boston: Houghton Mifflin, 1982), p. 5.

de un divorcio, realmente son muy pocos los amigos que sobreviven.

Para la persona divorciada, el dolor puede parecer interminable. La mayoría de los consejeros están de acuerdo en que a un hombre le lleva por lo menos dos años recuperarse de un divorcio, y en general tres años a las mujeres. Hay pocas cosas en la vida que son más devastadoras para el sentido de amor propio de una persona. Siente como que ha fracasado en la relación más importante de su vida, y que literalmente está sufriendo un desgarro interior. Si es cristiano, tiene que enfrentarse, además, con la pregunta de cómo afecta esto su relación con Dios.

Y ya que nos hemos referido a Dios, pensemos también que muchas personas divorciadas guardan rencor contra Dios, aunque no lo reconozcan. ¿Por qué Dios no escuchó mis oraciones? ¿Por qué no salvó mi matrimonio? De ese modo llegan a sentirse también culpables por esos sentimientos "inaceptables".

De acuerdo con el sicólogo doctor Gary Collins:

> El divorcio viene acompañado por una escalada casi interminable de emociones, que incluyen la ansiedad, la culpa, el temor, la tristeza, la depresión (a veces acompañada por pensamientos suicidas), el enojo, la amargura y la frustración. Con frecuencia, junto con la angustia, surge un sentimiento de euforia y alivio, pero a veces esto produce más culpa. La mayoría de las parejas experimentan períodos de indecisión, confusión o vacilación y a veces una actitud de alerta máxima, como si la persona estuviera esperando expectante que algo más se estropee. Es evidente que el cuerpo no puede mantener un estado de constante tensión y vigilancia, por lo que con frecuencia se desencadena una enfermedad sicosomática.[1]

Es imposible ministrar con eficacia a los divorciados sin comprender algo del trauma que experimentan. Sin embargo, con

---

1 Gary R. Collins, Ph.D., *Christian Counseling* (Waco: Word Books Publishers, 1980), p. 192.

demasiada frecuencia, el acercamiento de la Iglesia ha sido más bien teológico que relacional. La mayoría de las discusiones acerca del divorcio desde una perspectiva cristiana se enfocan en preguntas como: ¿Es correcto el divorcio? O, ¿puede una persona divorciada volver a casarse sin vivir en adulterio? Si es así, ¿con quién y bajo qué circunstancias?

Otras discusiones se concentran en los "por qué". ¿Por qué se divorcian tantas parejas? ¿Por qué la Iglesia no hace algo respecto del divorcio?

Estos son asuntos importantes —a decir verdad, críticos— y hay que tenerlos en cuenta. Pero si esto es todo lo que vamos a hacer, seremos deficientes en el ministerio de sanar y restaurar a aquellos que sufren las consecuencias del divorcio.

Muchos creyentes tienen dificultad para afrontar sinceramente el tema del ministerio a los divorciados. Tal vez existe una cantidad de razones para que sea así, pero las dos más obvias son: 1) parece existir el temor de que la aceptación de la persona divorciada pueda ser confundida con la aprobación del divorcio, y que si hacemos algo para aliviar el dolor del divorcio, de alguna forma podríamos animar a otros a buscar también la finalización de sus matrimonios; y 2) la difundida ignorancia de la Iglesia con relación a la tragedia del divorcio. Si una persona nunca se divorció, le resulta difícil entender la sensación de pérdida y de fracaso personal, el temor y la confusión, y, por supuesto, el inevitable sentimiento de culpa. Como consecuencia, con frecuencia la persona divorciada tiene que caminar sola por su valle de sombra de muerte. O, puede buscar la compañía de otras personas divorciadas, en su mayoría no creyentes que, a pesar de su incredulidad, a menudo resultan más "cristianos" que los cristianos que asumen actitudes menos compasivas.

Es imposible comprender la magnitud de la tragedia del divorcio sin comprender algo del milagro del matrimonio. No es un milagro en el sentido de que ocurre en forma sobrenatural sin nuestro esfuerzo o inversión. Más bien el matrimonio es un milagro en el sentido de que a pesar de nuestra inmadurez y egoísmo, a pesar de nuestra independencia y diferencia de personalidades, llegamos a ser uno en verdad, al menos por un tiempo. Y habiendo experimentado esa bendecida unidad, aunque sea por un tiempo fugaz, nunca podremos estar satisfechos con algo inferior.

A esa bendita unidad también podemos llamarla compañerismo o intimidad. Para el que lo observa desde afuera, esa intimidad, esa unidad bendita, puede aparecer como opcional, agradable, pero no indispensable. Sin embargo, no es así. Una vez que la hemos experimentado, no podemos vivir sin ella. Podemos existir, así como podemos existir sin amor, pero sin ella no podemos vivir en el sentido total.

Walter Wangerin, hijo, dice en su libro *As For Me And My House* (Yo y mi casa):

> Las particulares y amorosas relaciones son más que meramente "buenas"; ellas son una cualidad esencial de la vida. Afirman el ser del individuo. Le aseguran que él es. Tanto lo apoyan físicamente como lo definen espiritualmente. Le dan un lugar especial en el mundo y reconocen el buen propósito de su presencia en ese lugar. Es más que consuelo que recibimos de otras personas: es identidad, entonces yo sé quién soy. Es ser uno mismo, y la convicción del valor personal.[1]

Esto es especialmente cierto en cuanto al matrimonio. Como lo dijo Wangerin: "Le dan un lugar especial en el mundo, y confirman el buen propósito de su presencia en ese lugar."[2]

Wangerin hace más adelante una descripción simple de cómo funciona esto en su propio matrimonio:

> Hay ocasiones en que Thanne y yo estamos acostados en la cama por la noche, casi dormidos. Casi flotamos aparte uno de otro; el sueño es una actividad tan privada, y la oscuridad parece encerrarnos dentro de nosotros mismos. Pero entonces Thanne susurra despertándome: "¡Wally, Wally!" De repente el hecho de que ella ha dicho mi nombre — de que ella sabe mi

---

1 Walter Wangerin, Jr., *Yo y mi casa* (Deerfield: Editorial Vida, 1990), p. 50.
2 Ibíd.

nombre y lo puede pronunciar, que lo susurra confiando que la voy a oír —me hace conocerme *a mí mismo*. Sua voz, su palabra, su presencia me sorprende con el conocimiento de la individualidad. Me doy cuenta con claridad en la oscuridad hormigueante, que *soy*. Además no estoy perdido. No estoy en otro lugar o solitario resbalándome hacia la irrealidad, ni tampoco muerto. No, estoy *aquí* mismo, en la cama al lado de ella en este lugar especial, envuelto en su somnoliento amor. Es un sentimiento maravilloso, un indecible regalo de Dios.[1]

Realmente es eso. ¡El matrimonio es un inefable don de Dios! Entramos al matrimonio con expectativas brillantes, y hacemos bien. Los padres derraman las agridulces lágrimas de una dolorosa felicidad. Los amigos se ríen, nos abrazan por el cuello y nos felicitan. Es un momento especial, santo y feliz. Hemos hecho votos de fidelidad "hasta que la muerte nos separe". Nos pertenecemos el uno al otro como nunca antes le hemos pertenecido a nadie. Nos relacionamos el uno con el otro de una forma en que ningún otro se podría relacionar con ninguno de nosotros, ni nosotros con ellos. Ella es mi única esposa. Yo soy su único marido.

En el resto de nuestras interrelaciones, somos uno entre muchos. Un hijo entre varios hijos de nuestra familia, un amigo entre muchos amigos, un estudiante entre otros estudiantes, uno de los jugadores del equipo, uno entre los empleados en el trabajo, uno entre muchos... ¡En el caso del matrimonio no es así! Por primera vez, yo soy el único para ella y ella es la única para mí. ¡En verdad este es un don indecible!

Esto no quiere decir que vivimos como los protagonistas de un cuento de hadas, "felices para siempre". En realidad, el matrimonio es a la vez un don y una disciplina. Dios nos da el uno al otro y las herramientas para cultivar nuestra bendita

---

1 Ibíd., pp. 50, 51.

unidad, pero depende de nosotros que cultivemos el suelo de nuestra relación todos los días de nuestra vida.

Es cierto que no podremos evitar la existencia de conflictos, de heridas pequeñas y también de las otras, de discusiones amargas y temores obsesivos. También habrá presiones que nos distanciarán por un momento; un silencio oculto detrás de nuestras palabras, y una soledad que sólo pueden imaginar los que han conocido esta unidad bendita. También habrá momentos santos en que el perdón dará lugar a la intimidad, en que los silencios y la separación quedarán detrás y en que sabremos una vez más quiénes somos y a quién pertenecemos.

En realidad, el matrimonio se parece bastante a la vida: está lleno de contradicciones y conflictos, pero por encima de todo eso, sigue siendo tan bendito, sí, muy bendito. Tiene sus momentos: aniversarios y otros días especiales, como así también sorpresas imprevistas y atenciones inesperadas, pequeños gestos de amor que hacen cantar al corazón, y que van formando el caminar cotidiano. Y son esos detalles terrenales los que moldean el carácter de nuestra relación. Son cosas pequeñas, que a primera vista casi no merece la pena mencionarlas. Sin embargo, cuando pasan los años, se convierten en rituales diarios.

Quiero decir esto, que por lo general nadie habla del simple placer de llegar a la casa y escuchar los ruidos familiares: el de la aspiradora, el del agua que corre en el baño, el de la conversación en la habitación de al lado, sin embargo estos son los sonidos del matrimonio. Y los olores: la crema para la piel y el champú, la ropa recién lavada y seca, la crema de lustre de los muebles, y el café humeante. Son cosas comunes que se dan por sentado, que apenas se notan. . . hasta que desaparecen.

Cuando una pareja se divorcia, pierde todo eso. Entonces los ruidos son sólo ruidos, y los olores simplemente olores; ya no hay en ellos nada de santo ni sagrado. El agua que corre en el baño no es más que eso, y el mueble lustrado huele estéril, antiséptico, nada que ver con el amor. Nadie susurra sus nombres en la oscuridad a la hora de dormir; no los define ninguna relación especial que les dé su lugar singular en el concierto de la vida. Cuando extienden inconscientemente su brazo hacia el otro lado de la cama en las horas de vigilia de la mañana, no hay nadie durmiendo allí, ninguna presencia reconfortante, que les recuerde que están casados; que represente en lugar de un frío y solitario "yo", un cálido y unido "nosotros".

La mayoría de los matrimonios que mueren, lo hacen lentamente, tal vez más por ignorancia y descuido que por alguna acción determinada; mueren poco a poco, hasta que no queda nada, excepto una ostra vacía. Con frecuencia uno u otro cónyuge ha visto suceder esto durante mucho tiempo, pero sus argumentos, y luego sus advertencias, cayeron en oídos sordos. Luego, lo más probable, es que alguna cosa pequeña, algo común, desencadene el final. El hijo menor se gradúa, el esposo planea unas vacaciones sin consultarle a ella, o de pronto ella se obsesiona con el presentimiento de que envejecen juntos, pero separados. Sobreviene una situación de crisis y empiezan a llenar los papeles.

Para otros llega como un choque fulminante.

El domingo de la Navidad de 1980, Mona despertó y se encontró en una cama vacía. Su esposo se había marchado. Lo buscó y lo llamó, pero no obtuvo respuesta. "Debe de haber ido a la iglesia más temprano", pensó, pero él no estaba allá. Llegó el momento del sermón de Navidad y no hubo pastor que lo predicara. Durante muchos días, la policía y grupos de investigación intentaron encontrarlo, pero no lo lograron. Mona, sin saber si él estaba vivo o muerto, llegó a un estado de cansancio emocional tan grande que ni siquiera tenía fuerzas para subir las escaleras. Durante diez noches durmió en el sofá, mientras las mujeres de la iglesia se turnaban para dormir en una colchoneta a su lado. Por fin llegó la llamada. El pastor no había sido ni secuestrado ni asesinado; había abandonado a Mona, a sus hijos y a la iglesia. No quiso decirles dónde estaba y Mona se quedó pasmada. . .[1]

---

1 Florence Littauer, *Lives on the Mend* (Waco: Word Books Publisher, 1985), p. 85

Ella dice:

Un fracaso múltiple llevó a mi esposo-pastor lejos de nuestro hogar. Lo que siguió a aquellas primeras horas de zozobra, fueron días, semanas y meses convertidos en años de angustia, temor, oscuridad, y un montón de interrogantes. Aquellos meses fueron como una montaña rusa: en un minuto había esperanzas de reconciliación y sanidad, que se desplomaban de pronto para caer de nuevo en los abismos de la desesperación. Durante muchos, muchos meses, sucedió esto, que culminó con un divorcio que yo no quería, en la primavera de 1982.

. . .parecía que cada punto, cada factor de seguridad, cada cosa que en mi vida me había traído felicidad, había quedado reducido a la nada. Sentí como si alguien me hubiera arrancado el corazón, lo hubiera pisoteado, destrozado, machacado con un martillo y lo hubiera colocado otra vez dentro de este cuerpo. Todavía late, pero late como si estuviera un poco torcido.[1]

No es de extrañarse que muchas personas que se han divorciado han llegado a la conclusión de que habrían podido sobrellevar mejor la separación si su cónyuge hubiera muerto. De esa forma hubieran evitado al menos el tener que sufrir el rechazo y la pérdida de su dignidad. En tal caso, igual existiría la soledad, la pérdida, pero se mantendrían intactos los recuerdos de los años que vivieron juntos. Pero tal como es la situación del divorcio, no les queda otra cosa que el dolor y un montón de preguntas: ¿Era todo fingido? ¿En realidad me amó alguna vez? ¿Qué había de cierto en el sentir de su corazón cuando parecíamos ser tan felices? ¿Aun entonces estaría ocultando dudas secretas o deseos inexpresables?

En verdad, el divorcio es muy parecido a la muerte, pero tiene dos notables diferencias. Cuando muere un cónyuge, él o ella está muerto y se ha ido. Cuando una pareja se divorcia, la

---

1 Ibíd., p. 86.

relación ha muerto, el amor ha muerto, el matrimonio ha muerto, pero el cónyuge sigue bien vivo. Con frecuencia la persona divorciada tiene que tratar con su ex cónyuge durante varios años más, por causa de los hijos. En segundo lugar, si una persona pierde a su cónyuge por causa de la muerte, él o ella tiene apoyo comprensivo y emocional durante el tiempo del duelo o, al menos, al principio. La gente siente que el cónyuge vivo ha sufrido una desgracia inevitable. Pero en cambio, con frecuencia se trata a las personas divorciadas como si estuvieran sufriendo algo que merecen. En el mejor de los casos, se les abandona a encontrar su propio camino; tal vez no se les condena, pero sí se les ignora.

Esto debe cambiar. La Iglesia no puede darse el lujo de seguir ignorando las necesidades de los divorciados. En la Capilla Cristiana hemos desarrollado un grupo de crecimiento para las personas que sufren. Aunque no se limita a las personas divorciadas, muchos de los participantes están allí a causa de las heridas emocionales y sicológicas que recibieron como resultado de un matrimonio que fracasó. Algunos están agobiados por la culpa, otros enojados; casi todos sufren de una deficiencia de amor propio. Se reúnen durante doce semanas, los jueves por la noche, trabajando intensamente durante dos horas. Las dinámicas espirituales e interpersonales son poderosas y poco a poco estas personas heridas encuentran sanidad. Estoy seguro de que esto no es suficiente para satisfacer todas las necesidades de los divorciados, pero es un comienzo. Y a partir de esta experiencia muchos de ellos llegan a ser ayudantes informales de otras personas que tienen sus mismos problemas.

Están singularmente calificados para ministrar a los divorciados porque han sufrido esa condición y la comprenden. Sin embargo, no podemos dejar que ellos lleven a cabo este ministerio en forma total, pues la tarea es demasiado grande. La Iglesia entera debe apoyar a los divorciados y a sus familias; debe encontrar formas eficaces de facilitar su sanidad y su reingreso a la corriente principal de la vida. Para ministrar con eficacia, tendremos que familiarizarnos con el trauma que ellos experimentan y aprender cómo ayudarlos a encontrar soluciones.

Jim Smoke, que fue Pastor de Solteros en Garden Grove Community Church en California, conduce seminarios en todos los Estados Unidos sobre cómo solucionar los problemas que plantea el divorcio. Usando como referencia los múltiples contactos que ha tenido con cientos de casos, Smoke ha identificado tres etapas superpuestas por las que atraviesan los divorciados.[1]

La primer etapa es el choque: Esto no me puede estar pasando a mí. Es una pesadilla. En cualquier momento despertaré y todo estará bien. Es una broma morbosa. Por favor. . . que alguien se ría.

Durante esta etapa, las personas reaccionan de diferentes formas. Algunos se aíslan, se encierran en sí mismos y caen en la depresión. Otros no pueden soportar estar solos. Hablan en forma incesante, descargan de golpe todos los detalles sobre cualquiera que los escuche. Hacen frente a la situación manteniéndose siempre ocupados, y por consiguiente se activan de manera frenética. Mientras que no se detengan, conseguirán frenar la realidad a un paso de distancia.

Una mujer, cuyo marido se divorció de ella luego de treinta y dos años de matrimonio, escribe:

No sé cómo sobreviví aquellos primeros días y semanas después de que Ted me dejó. Me quería morir; sin embargo, me esforcé en mantener los movimientos de la vida, perseverando en mi rutina habitual y enseñando en la escuela dos veces por semana. Por la noche me parecía escuchar el ruido del auto de Ted en la entrada de la casa, y luego, con una sensación de náuseas en la boca del estómago, me daba cuenta de que no vendría. Mantenía encendido el televisor sólo para oír otra voz humana. Sola, en la casa vacía, lloraba hasta llegar a un estado de entumecimiento y agotamiento.[2]

---

1 Citado en *Christian Counseling* por Gary R. Collins, Ph.D. (Waco: Word Books Publisher, 1980), pp. 191, 192.

2 Anónimo, "My Husband Left Me For A Younger Woman" (*Good Housekeeping*, octubre 1983), p. 28.

Durante esta etapa, la gente, a menudo en forma obstinada y desesperada, se aferra a la esperanza de que su matrimonio todavía pueda salvarse. Aun, en casos extremos, se resisten a abandonar la esperanza una vez que el divorcio ha llegado a ser irreversible, y aun, después de que su "ex" se ha vuelto a casar. Es como si todos ellos conocieran de un caso en que una pareja se volvió a juntar después de que parecía que se habían desvanecido todas las esperanzas.

Aunque advirtamos que sus vidas están en suspenso mientras se aferren a esa noción, no nos toca a nosotros arrancarles esa esperanza. El darse cuenta de la realidad de su situación debe provenir desde dentro de ellos mismos, y hasta que eso no ocurra, debemos continuar encontrándonos con ellos donde estén, sosteniéndolos con nuestro amor y con nuestra presencia. Por desgracia, no puede haber progresos hasta que ellos, con toda sinceridad, no reconozcan la realidad de su situación y tomen los pasos necesarios para resolverla.

Esto nos conduce a la segunda etapa: la etapa del reajuste. Durante este período, la gente comienza a tomar contacto con sus sentimientos. La mayoría experimenta un montón de emociones que fluctúan desde el rechazo hasta el enojo, de la culpa a la compasión de sí mismo, de la amargura a un sentimiento de fracaso. Evite la tentación de minimizar esos sentimientos. Aunque sus esfuerzos puedan proveer un consuelo temporal, retardan el proceso de sanidad. La persona divorciada tiene que hacer muchas cosas antes de terminar con sus sentimientos negativos, y cuanto más pronto comience, tanto mejor.

Si la persona aconsejada siente que ha fracasado, no le diga que no es así. En realidad, ha fracasado, y en la relación más importante de su vida. Esto es válido aun en el caso de que la persona no deseaba el divorcio e hizo todo lo que estuvo a su alcance por evitarlo. La única forma en que puede liberarse de esa sensación de fracaso que la debilita es aceptando el perdón de Dios. Mientras se sienta sólo como una víctima y no como una parte responsable, ni buscará el perdón de Dios ni lo recibirá; y así continuará viviendo bajo una carga de culpa reprimida.

Por supuesto, y aun sin entrar a considerar lo que haya hecho, el divorcio no ha sido sólo por su culpa. Nuestro ministerio es ayudar a esa persona a distinguir con claridad la culpa, aceptando la parte que le pertenece y rechazando la que no. Donde sea que haya fallado, necesita el perdón. Y donde su cónyuge le ha fallado a esa persona, es el cónyuge el que necesita ser perdonado. Ambas cosas requieren de la intervención divina, y tenga la seguridad de que Dios es fiel y hará su parte. Recuerde, el perdón no cambia el pasado, pero destraba el futuro.

Esta etapa de reajustes es por cierto un período doloroso. Es un tiempo en que la persona divorciada procesa sus sentimientos. Habrá momentos de aflicción en que recordará los detalles positivos, los buenos y felices tiempos de su matrimonio, lo que fue y lo que podía haber sido. Esos momentos agridulces son críticos para el proceso de curación, por tanto tenga paciencia cuando los desahoguen con usted.

También habrá períodos de angustia sobre aspectos negativos en los que la persona se sentirá perdida en un mundo de compasión de sí misma. Esto también es parte del proceso de sanidad y en algún punto terminará. En su momento comenzará a hacer los ajustes necesarios para vivir la vida como lo que ahora es, un soltero.

Recuerde, las emociones fuertes son una parte inevitable en todos los divorcios, y pueden ser resueltas sólo si la persona divorciada se abre camino a través de ellas. Durante ese tiempo, la presencia de un pastor comprensivo o de un amigo cristiano puede ser de valor incalculable. Hace las veces de uno que oye pero que no enjuicia, sino que actúa como alguien que facilita las cosas en lo espiritual. Hace que la persona divorciada mantenga una actitud de rendir cuentas, le ayuda a tratar con las heridas y el enojo, que de otra forma podría ocultar, porque el consejero sabe que el enojo y la amargura deben ser reconocidos y confesados antes de tener una actitud perdonadora hacia el cónyuge ofensor.

La verdadera confesión bíblica tiene lugar por lo menos en dos niveles: el de los hechos y el de los sentimientos; en lo que se refiere a la información y en lo que tiene que ver con las emociones. Antes de que la persona divorciada pueda perdonar a su cónyuge por su fracaso y por sus fallas, ella misma debe confesarle su enojo a Dios. Es decir, debe recordar en la presencia de Dios cada uno de los episodios hirientes. Debe describir con el mayor detalle y precisión todo lo que sucedió y confesar con sinceridad sus sentimientos; en realidad, debe evocar todos sus sentimientos de nuevo y expresárselos por completo al Señor.

Si esta persona se detiene aquí, sólo habrá reciclado sus emociones negativas, pero si puede pasar de la confesión al perdón, entonces habrá puesto en movimiento la acción sanadora.

Aunque haya confeccionado una lista específica de los episodios hirientes y del dolor que le causaron, ahora debe perdonar en forma expresa cada acto. No basta con un perdón general. El divorciado no ha pecado en términos generales sino en cosas específicas y ahora tiene que perdonar de la misma manera, acto por acto. Para perdonar a alguien es necesario librarse del dolor y el rencor que guarda contra él. Este es un acto de la voluntad y puede o no estar acompañado por las emociones correspondientes.

Cuando la persona divorciada ha resuelto en forma adecuada la cuestión de sus sentimientos, entra en la tercer etapa: la etapa del crecimiento.

> Aquí las personas enfrentan con sinceridad la realidad de su nueva situación en la vida; apartan tiempo para la meditación, la lectura, la oración y la reflexión personal; se involucran con otras personas; se resisten en forma expresa a culpar a otros o a sí mismas; luchan contra la compasión de sí mismas, y buscan la guía de Dios para hacer planes realistas para el futuro.[1]

En síntesis, se dedican a la tarea de comenzar de nuevo, a la reconstrucción de sus vidas. Esto nos lleva a la pregunta: ¿Hay vida después del divorcio?

---

1 Collins, p. 192.

Sí, pero con seguridad será diferente. Puede ser que el divorciado no se vuelva a casar. Pero eso no significa que no pueda ser feliz y sentirse satisfecho. Una señora cuyo esposo se divorció de ella después de treinta y dos años de estar casados dice:

He descubierto un mundo de posibilidades, de cosas que eran imposibles cuando estaba con Ted, porque él no las aprobaba o no se compaginaban con su horario de trabajo. Por ejemplo, volví a dedicarme a la enseñanza a tiempo completo y encontré un nuevo estímulo y orgullo en mi tarea al verme involucrada en un grupo de alumnos que me pertenecía.

Lo más importante de todo es que comencé a ver que, aun cuando estaba sola, todavía podía encontrar motivos de placer en la vida. Muchas veces había disfrutado en la vida de actividades tan simples como caminar, trabajar en el jardín, coser y otras, y no hay ninguna razón para que no pueda volver a disfrutarlas ahora. . . La felicidad es algo que cada uno debe encontrar en sí mismo, y eso es lo que estoy aprendiendo a hacer.[1]

Otro ejemplo es el de Shelby. Cuando tenía treinta y cinco años su esposo se divorció de ella, luego de trece años de casados. Simplemente se fue con otra mujer y la dejó sin un centavo al cuidado de sus dos hijos. Desesperada, buscó y encontró un trabajo, luego fue a una iglesia en donde un consejero cristiano la ayudó a superar sus tendencias suicidas. Con la ayuda de Dios crió a sus hijos. Su hija obtuvo un título de finanzas para negocios en la Universidad Estatal de San Diego, y su hijo es un especialista en oratoria en la Universidad de Point Loma.

Shelby reanudó sus estudios y obtuvo la licenciatura en administración de empresas y un título de maestría en comportamiento humano. Lo más importante de todo es que entregó su vida a Dios y él está usando sus experiencias dolorosas como una fuente de sanidad y esperanza para otros que están atravesando por problemas similares.

---

1 "My Husband Left Me For A Younger Woman", p. 34.

Ella escribe:

No pierda tiempo y energías amargándose por el mal
trato que recibió en la vida. Cuando yo era niña sufrí
el abuso sexual, y como adulta el ser abandonada y el
divorcio. Experimenté discriminación tanto por ser
mujer como por buscar trabajo siendo una mujer de
edad madura. Eduqué a dos hijos, de modo que pudieran ser adultos capaces de sostenerse a sí mismos.
Además viví la experiencia de la muerte de mi hermana
menor por causa del cáncer y la de mi propia hospita-
lización por haber contraído la fiebre tifoidea. Sin
embargo, creo que Dios quiere utilizar todas estas
experiencias y el conocimiento que he adquirido de
su poder libertador para ayudar a otros. El no lo puede
hacer si adopto una actitud de compasión de mí misma
o de enojo. He aprendido que el ácido de la amargura
sólo corroe a quien lo contiene.[1]

Piense en esto: cuando Dios la encontró, Shelby era una
esposa desamparada, una mujer desesperada. Por medio del
ministerio de la Iglesia, ella encontró las fuerzas para seguir
viviendo, y ahora está sana y se ha transformado en una parte de
ese ministerio sanador.

En *The Communicator's Commentary, Volume 8: Galatians,
Ephesians, Philippians, Colossians, Philemon*, Maxie Dunnam
se refiere a un incidente de la novela *Other Voices, Other Rooms*
(Otras voces, otras habitaciones) en donde el héroe está a punto
de caminar sobre una tabla pesada, pero podrida, para cruzar un
triste y sombrío riachuelo.

Comenzando de nuevo. . . caminando cuidadosamente. . . sentía que nunca llegaría al otro lado: siempre estaría buscando el equilibrio aquí, o quedaría
suspendido entre las dos franjas de tierra, solo y en la
oscuridad. Entonces, sintió el temblor de la tabla, justo
en el momento en que Idabel comenzaba a cruzar, y

---

1 Littauer, p. 102.

recordó que tenía alguien con quien seguir el camino.
Y pudo continuar.[1]

Ahora bien, de esto estamos hablando, de estar allí cuando la persona divorciada comienza a cruzar al otro lado de aquella tabla podrida, sintiéndose terriblemente sola. Cuando piensa que nunca lo logrará, que se perderá para siempre con su dolor en medio de la oscuridad, y entonces, sentirá que la tabla tiembla porque caminamos con ella, y encontrará las fuerzas para continuar su camino.

1 Maxie D. Dunnam, de *Other Voices, Other Rooms* por Truman Capote, *The Communicator's Commentary, Volume 8: Galatians, Ephesians, Philippians, Colossians, Philemon* (Waco: Word Books Publisher, 1982), p. 122.

Capítulo 5

El toque de ternura

Hay algo conmovedor en la ternura,
algo que nos detiene en nuestro camino.
Por un minuto
la vida llena de realidades apremiantes queda en suspenso
y captamos una vislumbre de la vida
tal como podría ser,
    como debería ser.
    La ternura es. . .
la mano de una madre que toca
la frente afiebrada de un hijo enfermo;
la presencia tranquila del esposo
en la habitación del enfermo;
su fuerte brazo alrededor del hombro tembloroso de ella,
    su fe,
        expresada en oraciones sin palabras.
Es una nota escrita
recibida de alguien que comprende,
una frase especial,
una voz en el teléfono.
    La ternura es. . .
un hombre sobre el cual llorar
en la hora de una pérdida irreparable.
Un amigo que te dedica tiempo
    y un lugar seguro donde volcar tu angustia,
uno que te consuela
    sin recurrir a frases ya gastadas,
que escucha
    por centésima vez
    aquellos recuerdos especiales acariciados toda una vida,
    pequeños actos de bondad que se dan por sentado,
    pequeños hábitos cautivadores a los que nunca diste atención
    La ternura es. . .
un amigo que lamenta tu divorcio

sin juzgarte o rechazarte,
que te incluye en los planes de sus vacaciones
y en las salidas familiares,
sin hacerte sentir como un extraño.
Quien te escucha cuando necesitas hablar
pero nunca lo hace por curiosidad,
y jamás toma a la ligera tu dolor
dando respuestas fáciles ni soluciones instantáneas.
La ternura es. . .
un creyente compasivo,
que escucha tu confesión sin escandalizarse,
que escucha con amor
mientras revelas cada detalle sórdido;
no porque lo necesite saber,
sino porque tú necesitas hablar,
porque tú necesitas decírselo a alguien,
porque tú tienes que decírselo a alguien.
La ternura es. . .
un amigo confiable
que ha llegado a saber lo peor de ti
y todavía sigue creyendo lo mejor;
quien ahora dice:
"Ni yo te condeno. . .
Vete. . . no peques más. . ."
La ternura es. . .
todo eso y más. . .
la vida y las interrelaciones
tal como Dios quiso que fueran.

Capítulo 5

El toque de ternura

Hace más de veinte años comencé el ministerio en la iglesia local, y fue por medio de un bautismo de fuego. Tal vez sería más correcto decir un bautismo de enfermedad y muerte. En las primeras cuatro semanas de mi pastorado, tuve que predicar en tres funerales y dedicar una gran cantidad de tiempo en el hospital, visitando y aconsejando a enfermos y a sus familiares.

Nunca me había capacitado para esto, ni en mi adiestramiento ni en mis experiencias previas. En el hospital me hicieron sentir como un intruso. En la mayoría de los casos, los médicos toleraron mi presencia, o al menos así me pareció. El hospital era su baluarte, un lugar donde la ciencia y la medicina reinaban en forma soberana. Parecía que la fe y la oración eran de poco o ningún valor.

Me sentí intimidado. ¿Qué oportunidad tendría allí de hacer algún bien? ¿Qué valor tendrían las Escrituras y la oración en comparación con las milagrosas drogas del arsenal de la medicina moderna? A pesar de eso, visité fielmente a los enfermos y me senté con sus familiares mientras ellos estaban en la cirugía y durante esas horas críticas en que las cosas pueden tomar cualquier rumbo. Hice todo lo que me enseñaron: les expliqué las Escrituras y oré con ellos, y además una cantidad de cosas que nunca me habían mencionado como, por ejemplo, estar allí y escuchar en silencio, en buena medida, porque no tenía mucho que decir. En general me sentía bastante inútil.

Luego empezó a suceder lo extraordinario. Comencé a recibir

notas de agradecimiento de personas que había visitado en el hospital. Decían: "Significó mucho que usted estuviera aquí cuando me estaban operando", o, "No puedo decirle cuánta fuerza recobré gracias a su visita". Yo no lo podía creer. No había hecho nada. Sin embargo, esto me dio más seguridad para las próximas visitas al hospital.

Cerca de dos años más tarde empecé a comprender. Nueve días después del nacimiento de nuestra hija Leah, volví de prisa con Brenda al hospital para una operación de urgencia. Ella sufría una hemorragia, y en el momento en que llegamos se desmayó debido a la excesiva pérdida de sangre. La observaba mientras la llevaban en una silla de ruedas a la sala de operaciones, y luego, después que firmé los formularios de conformidad con la operación, quedé solo con mis pensamientos y temores. Se agolpaban en mi mente una cantidad de posibilidades aterradoras mientras caminaba con nerviosismo de un lado a otro. El único consuelo que tuve fue cuando vino a verme mi madre. No dijo nada, al menos, nada que yo pueda recordar, pero me sentí mejor con sólo saber que ella estaba allí. De alguna manera fui fortalecido y animado por su presencia.

Cuando de pronto aparece una emergencia médica o alguna otra crisis que amenaza la vida, las pequeñas atenciones, tales como una palabra de ánimo, el toque de una mano sobre el hombro, o simplemente la presencia de otra persona, adquieren de inmediato una profundidad de significado que hasta entonces no imaginábamos. Aun el más valiente de nosotros, el más confiado en sí mismo, experimenta un fortalecimiento interior a través de un contacto humano de este tipo. Las circunstancias pueden seguir siendo sombrías, pero de alguna manera no parecen tan oscuras y deprimentes.

Si usted nunca estuvo gravemente enfermo, o cerca de alguien que lo estaba, le puede resultar difícil imaginar la profunda ansiedad que se experimenta en esa situación. Primero aparece el dolor, constante e implacable, tan persistente como la ley de la gravedad, empañando todo lo demás, hasta que el mundo queda limitado a la habitación del enfermo. Luego viene la debilidad, la incapacidad de controlar el propio cuerpo, de hacerlo funcionar bajo órdenes. Ahora el cuerpo se convierte en un enemigo, minando la moral, y aun la fe.

A nivel sicológico, la persona enferma experimenta una pérdida de control. Su ambiente familiar ya no existe. Ahora vive en un medio ambiente donde tiene poco o ningún control sobre su vida. Antes de enfermarse, establecía su propio horario, entre límites razonables, por supuesto. Decidía cuándo se iba a levantar y cuándo se iba a acostar; qué iba a comer, cómo iba a preparar la comida, y cuándo iba a comerla.

De pronto, todo esto cambia. Ha sido internado en una institución donde recibe el más excelente cuidado médico posible, pero ha perdido el control de su propia vida. Le dicen cuándo dormir, cuándo despertarse, cuándo bañarse y en algunas ocasiones aun se espera que haga las necesidades cuando se lo ordenan. Es objeto de toda clase de procedimientos humillantes, despojado de todo pudor, picado y pinchado, hecho sujeto de experimentos, todo en nombre de la medicina. Puede suceder que todo eso produzca la curación, pero, al menos al principio, resulta muy desmoralizador.

Luego sigue el temor. El temor a lo desconocido: ¿Qué me va a suceder? ¿Sanaré? ¿Después de esto podré seguir manteniendo a mi familia, cuidando a mis hijos?

También están las preocupaciones por la subsistencia: ¿Cubrirá mi seguro la cuenta del hospital? ¿Me quedará suficiente licencia por enfermedad? ¿Seguiré teniendo trabajo cuando mejore?

A todo esto se agregan las dudas que surgen a raíz de la posibilidad, que siempre existe, de que puede no haber recuperación: ¿Voy a morir? Si es así, ¿qué sucederá con mi familia? ¿Quién cuidará de los hijos?

En momentos de enfermedad grave, los que somos cristianos atentos y compasivos, tenemos por lo menos dos partes que requieren nuestro amor y sostén: el paciente y la familia del paciente. El ministerio que se exige de nosotros es complejo, pero no es complicado. Es complejo en el sentido de que las necesidades son complejas, multidimensionales: físicas, espirituales y emocionales.

Tal vez estas necesidades se encuentran mejor detalladas en un pequeño folleto titulado "Mom is Very Sick — Here's How to Help", (Mamá está muy enferma; sepa cómo colaborar) por Wendy Bergren, que surgió de su propia batalla contra el cáncer.

Poco después de ser madre por tercera vez, su médico descubrió que tenía un enorme tumor maligno. En el último esfuerzo posible por impedir la muerte inminente, se sometió a una mastectomía y una histerectomía inmediatas y a tratamientos intensivos de rayos X. Un agresivo procedimiento de quimioterapia le produjo todo tipo de efectos secundarios imaginables y la confinó a la cama por dos semanas al mes por aproximadamente un año y medio.

Durante aquellos días agonizantes, los amigos y miembros de la iglesia hicieron lo mejor que pudieron para ayudar a los Bergrens. "Pero la mayoría de mis amigos —dice Wendy—, no sabían cómo manejarse, o cómo atender a alguien que estaba gravemente enfermo de cáncer."

En uno de sus momentos más oscuros, anotó algunas ideas para compartir con sus amigas:

1) Visítenme con frecuencia, pero llamen antes de venir. No se queden afuera pensando que necesito descansar. La compañía es con frecuencia más importante que el descanso. He descubierto que la soledad es el impedimento más grande para dormir.

2) Pregúntenme a quién desearía ver e invítenlo a venir. A veces estoy demasiado cansada como para hablar, pero es lindo escuchar a alguien.

3) Saquen fotos de mis hijos a medida que pasan los meses para que no sienta que estoy perdiendo totalmente esta parte de sus vidas.

4) Ofrézcanle a la familia hacer dos diligencias pequeñas por semana.

5) Permítanme sentirme triste y prepararme para lo peor.

6) Cuéntenme un chiste. Aunque no sea gracioso, ¡me voy a reír igual!

7) Tóquenme. El aislamiento que produce el estar inmóvil hace que el toque de amor sea más dulce.

8) Pronuncien la palabra cáncer delante de mí para que me pueda sentir normal.

9) Díganme qué bien se me ve a pesar de haber sufrido tantas cosas (alguien le dijo que debía ser la mujer calva más linda de toda la ciudad, y ¡a ella le encantó!)

10) Ofrézcanse a cuidar un rato a los chicos, aunque mi marido y yo estemos en casa. Esto nos da la libertad de tener una vida adulta privada en un lugar en que mi enfermedad me lo permite.

11) Animen a sus esposos a que vengan a visitar a mi marido por las noches. Mi enfermedad lo ha privado de muchas de sus distracciones. ¡Qué feliz me siento cuando lo escucho reírse con un amigo en su taller o alegrándose con el partido de fútbol de la semana, mientras hace crujir las palomitas de maíz blanco junto con un compañero!

12) Oren por mí y díganme que están orando.

13) Hablen conmigo acerca del futuro. Los planes para el futuro, cumpleaños, graduaciones, etc., aumentan mi fe. (Parafraseado.)[1]

Janet Britton, autora de *To Live Each Moment* (Para vivir cada momento), también tenía un tumor maligno y se sometió a una mastectomía seguida de tratamientos de radiación y quimioterapia que duraron más de un año. Durante todo ese tiempo, su familia de la fe le ministró a ella y a su familia, no sólo física sino también emocional y espiritualmente. Cuando todo terminó, ella dijo: "Ninguna persona, ni siquiera diez personas, podrían haber satisfecho todas nuestras necesidades.[2]

---

1 Wendy Bergren, "Mom Is Very Sick — Here's How to Help" (Arcadia: Focus on the Family, 1982).

2 Janet Britton, *Well, Janet Told Me...* (*Moody Magazine*, enero 1985), p. 83.

Ella escribe:

Desde el día en que me admitieron en el hospital, mi congregación se aunó en la tarea de cuidar de las necesidades físicas de nuestra familia. Se ocupaban de nuestros niños mientras mi marido me visitaba, envasaban habichuelas verdes y tomates, o cocinaban pasteles y galletas. Los amigos traían flores, tarjetas y notas.

En el hospital lavaban y rizaban mi cabello, me arreglaban las manos y hacían guardias para que yo pudiera descansar. Una mujer me prestó una mañanita de color rosa vivo para ayudarme a sentirme linda, y otra me compró té de hierbas medicinales y galletitas para ayudarme a luchar contra las náuseas. Cuando me sentía exhausta, me leían la Biblia y escribían mi correspondencia comercial y personal.

Después que me dieron de alta, Genny, una enfermera de nuestra congregación, me visitaba diariamente para cambiarme las vendas. El grupo de mujeres organizó cenas para la semana de mi recuperación. Cuando comencé los tratamientos de radiación y quimioterapia, docenas de amigos de la iglesia me llevaron en sus autos hasta el hospital, que quedaba a ochenta millas.

Durante meses, después de haber cesado la provisión de comidas formalmente organizadas, siguieron enviando comida y alimentos cocidos en abundancia. Para la Navidad, en que las masitas finas son de rigor en el hogar de la familia Britton, muchas de las familias de la iglesia aportaron dos docenas de masitas hechas por ellas mismas para las fiestas y adornaron una enorme bandeja de manjares.

Cuando llegó el tiempo de la limpieza anual, pequeños duendes pasaron por mi casa limpiándola cuando yo me sometí a un tratamiento. El papel que había comprado para empapelar la cocina apareció milagrosamente colocado sobre las paredes.

La iglesia también satisfizo nuestras necesidades emocionales. Los amigos animaron a mi esposo para que hablara abiertamente acerca de sus temores de arreglárselas con una enfermedad a largo plazo y una muerte posible. Teniendo también sensibilidad para con los temores de los niños, los llevaban a lugares de diversión infantil o a los partidos de béisbol.

Para levantar mi ánimo, la gente llegaba por sorpresa y me llevaba a almorzar. Con frecuencia el correo traía tarjetas de recordación y notas de aprecio. Mis amigos planearon un cumpleaños sorpresa y me regalaron vales para la cena, para arreglar el jardín, lavar las ventanas, etc.

El regalo emocional más grande, sin embargo, fue el contacto físico y emocional. Mis amigas se sentaban a mi lado mientras yo descansaba exhausta en nuestro sofá. Tocaban mis hombros, me tomaban de la mano, me besaban en las mejillas, me abrazaban; sus contactos me abrigaban. Compartían conmigo, como siempre lo habían hecho, sus problemas matrimoniales, sus problemas de trabajo, y sus dificultades personales. Sus constantes confidencias me recordaban que aunque yo estaba físicamente deteriorada, no estaba dañada ni mental ni emocionalmente.[1]

Las enfermedades de cualquier tipo, y en especial las enfermedades críticas, producen estrés. Una congregación compasiva y adiestrada puede aliviar el cansancio físico y aligerar la carga emocional, como lo hicieron en el caso de Janet, pero nadie los puede suprimir del todo. Ningún miembro de la familia está inmune, y las estadísticas indican que muchos matrimonios fracasan por el efecto de las presiones producidas. Además de las dificultades obvias para mantener alguna semejanza con un verdadero hogar y un estilo de vida norma-

---

1 Ibíd., pp. 82, 83.

les, se agregan también grandes presiones sicológicas, frente a las cuales los hombres y las mujeres reaccionan en formas claramente distintas, creando una tensión adicional y aun malos entendidos.

El sentimiento dominante es con frecuencia una sensación de impotencia, en especial cuando el paciente en estado crítico es un niño. Su hijo está sufriendo, quizás está enfrentando la muerte, y parecería que usted no puede hacer mucho por él. La mayoría de los hombres responden a este sentimiento de impotencia en dos formas generales: enojo o escape, dependiendo de sus temperamentos.

Un hombre dogmático, que está acostumbrado a asumir situaciones y lograr que las cosas se hagan, se verá tentado a enojarse por su incapacidad para rectificar la situación. Querrá descargar sus sentimientos sobre los médicos y otros profesionales de la salud, acusándolos de incompetencia o algo peor; o, tratará de dirigir su enojo hacia los miembros de su propia familia, especialmente su esposa. En realidad, su ira va dirigida hacia la enfermedad que amenaza a su precioso hijo, o hacia Dios que ha "permitido" que esto suceda, o aun a su propia impotencia. ¿Pero cómo se puede dirigir el enojo contra algo o alguien que es imposible alcanzar? De allí que su enojo resulte descaminado y el resultado emocional sea explosivo.

Otros simplemente "escapan". Se enfrascan en sus trabajos, o en atender los quehaceres domésticos y a los otros hijos. Con frecuencia niegan la seriedad de la situación, negándose a enfrentar las posibilidades de la muerte inminente de su hijo. En efecto, esto los separa de su esposa y de sus hijos. Es inevitable que en casos así sobrevengan la soledad y el resentimiento.

Las madres, por su parte, tienen la tendencia a dedicarse totalmente a la enfermedad de sus hijos a expensas de su esposo y del resto de los hijos. Para ellas, fuera de la pequeña habitación del hospital, el mundo ni siquiera existe, ni tampoco las preocupaciones, excepto, sin duda, las relacionadas con el bienestar del hijo que sufre. Cuando otras preocupaciones las presionan, razonan: los demás tienen que entender. Esto es una emergencia, ninguna otra cosa importa en este momento. Los celos y las tensiones que resultan de esto sólo añaden más trauma a la familia.

Y por último están los conflictos inevitables relacionados con la intimidad matrimonial. En momentos de enfermedad y muerte, los hombres y las mujeres reaccionan a las relaciones sexuales de maneras marcadamente distintas. Las mujeres tienden a perder todo interés, mientras que los hombres no es raro que exhiban, si bien no un deseo aumentado, al menos un interés progresivo.

Al ministrar a parejas en las crisis de enfermedad familiar, con frecuencia he oído a las esposas quejarse de sus maridos: "El es repugnante; ¿cómo puede estar pensando en el sexo en un momento como éste?" El, por otro lado, cree que su esposa tiene una fijación malsana con relación a la crisis que viven.

Repetidamente he podido ayudar a las parejas a comprender que cada uno está enfrentando la crisis en la forma más natural para ellos. El esposo desea tener intimidad sexual con su esposa como una forma de tapar el dolor de la realidad presente, por lo menos por unos breves momentos. Esta es su forma de afirmar su fe en la vida y en el amor aun frente a la muerte misma. Desea tal intimidad, no porque sea un animal insensible, como ella supone, sino porque esta es la única forma en que puede manejarse con el dolor y con la pérdida inminente.

Su esposa tampoco tiene una fijación anormal con el hijo enfermo, como la acusa su marido. No ama menos a su marido, no se ha olvidado del resto de sus hijos ni de las necesidades de la familia. Es simplemente que en ese momento su hijo está sufriendo, tal vez a punto de morir, y todos sus instintos maternales la llaman a correr en su defensa. El hecho de que no pueda hacer otra cosa más que estar vigilando al lado de la cama, de ninguna manera disminuye su sentido de responsabilidad. Ella no explica sus sentimientos, ni siquiera se imagina que debería hacerlo. ¿Acaso él no tiene que sentir lo mismo? ¿Este hijo no es también suyo?

Una vez que la pareja ha recibido ayuda para comprender la legitimidad de los sentimientos del otro, y la validez de sus respuestas individuales, entonces puede pasar de los resentimientos pasados a la aceptación, y aun tal vez a la comprensión. Esa comprensión los capacita para enfrentar unidos al enemigo común (la enfermedad), mano a mano, en lugar de atacarse el uno al otro en forma equivocada. Este sostén mutuo es absolutamente esencial si quieren compartir con éxito la crisis.

Además de la explicación, quizás aun más que la explicación, necesitan de nuestra presencia y apoyo emocional cuando enfrentan una enfermedad crítica.

Se dan cuenta intuitivamente de que nosotros estamos limitados en lo que podemos hacer. No podemos hacer milagros, aunque podemos y debemos orar por un milagro en el momento apropiado. Ni siquiera podemos responder a los "porqués" que no tienen respuesta: ¿Por qué me está sucediendo esto a mí? ¿Por qué Dios no sana a nuestro bebé? ¿Por qué. . . por qué. . . por qué? Lo que podemos y debemos hacer es estar allí para ministrar con nuestra presencia.

Un tiempo atrás, una pareja joven de nuestra congregación supo que la esposa tenía un tumor maligno. Por supuesto, fueron noticias desconcertantes, aunque el pronóstico del médico fue tan positivo como podía ser en un caso relacionado con tumores malignos. La mañana en que estaba programada la operación, Brenda y yo fuimos al hospital, y llegamos justo cuando la mujer y su esposo estaban descendiendo del auto. Fue por eso que pudimos estar con ellos mientras era admitida en el hospital y la preparaban para la cirugía.

Fue un momento de tensión. Jerry, su esposo, estaba en silencio, atento a su joven esposa, sin atreverse a perder ni un solo momento de este precioso tiempo juntos. Ella se sentía con valor. Estaba contenta de que la espera llegaba a su fin y estaba ansiosa de que el problema vivido quedara atrás.

Brenda y yo escuchábamos las conversaciones triviales que hacían acerca de sus niños y de cómo esa misma mañana el auto había salido del garaje e ido cuesta abajo hasta topar con el buzón que estaba colocado sobre un poste al borde de la calle; en ese mismo momento estaba sobre el buzón, esperando que llegara el camión de auxilio.

Después de un rato la habitación se tranquilizó; cada uno de nosotros estaba en silencio, absorto en sus propios pensamientos. Luego compartí algunos versículos de la Biblia y oramos. Eso fue todo, nada más. Poco después, los ayudantes del hospital vinieron a buscarla y la llevaron a la sala de operaciones.

Justamente ayer recibimos una carta de agradecimiento escrita por ella. A Brenda le escribió: "Gracias por amarme, cuidarme, llorar, hacer. . . Significó muchísimo poder verte antes de mi operación. Richard tiene razón cuando dice que sólo por estar presentes impartimos una bendición. Tu presencia, oraciones e interés hicieron que ese tiempo difícil fuera soportable".

Y a mí me escribió: "Jerry y yo nos sentimos tocados y amados cuando tú y Brenda vinieron al hospital el día de mi operación. Creo que fue algo lindo que Dios los enviara tan a tiempo como para escoltarnos desde el lugar de estacionamiento. Por tenerlos allí, sentí como si hubiéramos recurrido a las fuerzas de ustedes. . . Indirectamente, nosotros también hemos disfrutado del ministerio de ustedes, de la forma en que en la Capilla Cristiana enseñan a amar y ministrar. Ninguna comunidad de personas nos podría haber amado más."

Hace algunos años, cuando yo apenas era un predicador muy joven, podría haber quedado perplejo por esa tarjeta, preguntándome cómo ella había tenido la posibilidad de obtener fuerzas de nuestra presencia, o consuelo por el simple hecho de que estábamos allí. Pero ya no más. Todavía no comprendo cómo funciona, pero sé que sucede. Aun cuando pareciera que no estamos haciendo mucho, cuando parece que lo mejor que podemos producir son lágrimas silenciosas, un rápido abrazo, y una oración compartida, Dios hace que eso sea suficiente.

Sue Monk Kidd escribe:

Poco después de medianoche me levanté insomne del diminuto catre en la habitación de mi marido en el hospital. Él yacía terriblemente enfermo. Detrás de la ventana no brillaba la luna. Ni siquiera había un farol en la calle que traspasara la oscuridad que se agolpaba contra el vidrio de la ventana. Parecía que la noche conspiraba junto con la oscuridad de mi alma. . . con la angustia punzante que sentía por la precaria condición de mi esposo.

Mientras mis temores se oscurecían, me puse los zapatos y huí hacia el pasillo del hospital donde una débil luz artificial adornaba de sombras la pared. Las lágrimas temblaban en mi rostro. . . un sollozo comprimía mi garganta. A pocos pasos de allí vi el ascensor de las visitas con la puerta abierta. Me zambullí adentro y toqué varios botones. Mientras me llevaba arriba, mis sollozos se desataron, resonando en forma anónima a lo largo de la silenciosa marcha del ascensor. No sé cuántas veces subí y bajé mientras descargaba mi desesperación. Pero era medianoche, ¿y quién lo notaría?

De repente oí el suave sonido del timbre del ascensor. Se detuvo. Las puertas se abrieron. Entró un caballero anciano con blancos cabellos ralos y ojos que observaban las lágrimas que fluían sobre mi rostro. Apretó un botón y luego hurgó en su bolsillo. Mientras fuimos hacia arriba, me dio un pañuelo cuidadosamente doblado. Me enjugué los ojos, fijando la vista en su firme y amable mirada. Y su compasión tocó mi corazón, como los primeros rayos del sol de la mañana disipan la noche. Dios estaba extrañamente presente en el pequeño ascensor, como si él estuviera allí en el rostro del anciano.

Las puertas se abrieron. Le agradecí al extraño y le devolví su pañuelo, humedecido y manchado por mi angustia. Después él inclinó la cabeza con una sonrisa amable y se escabulló.

Cuando regresé a la habitación de mi esposo, me sentía segura. . . Dios no nos falla en nuestra aflicción. Su compasión está por todas partes. Y la tierna promesa de la

Biblia es verdadera: Dios enjugará toda lágrima de sus ojos.

"Y lo hará. . . de una u otra manera".[1]

Ahora bien, éste es el toque de ternura, y esto es el "cristianis mo en acción" en su máxima expresión

---

1 Sue Monk Kidd, citada en *Dawnings: Finding God's Light in the Darkness*, ed. por Phyllis Hobe (New York: Guideposts Associates, Inc., 1981), p. 88.

Capítulo 6
Atravesando el valle

Era tarde, un lunes por la noche,
o quizás temprano, en la madrugada de un martes,
cerca de la una de la mañana.
    Yo salía del hospital St. John,
y observé tres hombres
en la sala de espera.
    Sobre la mesa que estaba frente a ellos vi una Biblia abierta.
De inmediato advertí lo que sucedía;
corría peligro una vida,
un amigo íntimo o un miembro de la familia
vivía una situación extrema,
y allí estaba el hombre de Dios,
infundiendo esperanza y ánimo.
    Los dos hombres más jóvenes
lo escuchaban con sumo interés,
pendientes de cada palabra que decía,
y no simplemente de las palabras,
sino también de su presencia.
    Cuando ocurre un accidente o una enfermedad,
cuando la muerte amenaza,
los miembros de la familia y los amigos
quieren oír una palabra de Dios,
una palabra sanadora, una palabra de ánimo,
una palabra de esperanza.
O mejor aun,
quieren experimentar el consuelo de la presencia de Dios,
quieren sentir su cercanía,
quieren saber que no están solos.
    Y, aunque parezca casi inconcebible,
esto es lo que hacemos nosotros,
cada uno de nosotros, sin excepción,
en nuestra calidad de amigos y
 cristianos.

Personificamos la presencia del Señor,
nos convertimos en su mano extendida.
Escuchamos con amor,
    absorbemos la herida y el temor sin reproche,
y cuando es el momento oportuno,
¡decimos las palabras de esperanza y de consuelo!
    Mientras observaba a la distancia,
obtuve una nueva valoración
del cuidado pastoral,
del ministerio que la Iglesia con tanta frecuencia debe proveer.
    Gracias, Señor,
por permitirnos
ser tus representantes personales
en momentos tan cruciales como estos.
Yo, personalmente, me siento humillado y bendecido.

Capítulo 6

Atravesando del valle

Pocas cosas en la vida son más desconcertantes que el diagnóstico de una enfermedad terminal, ya sea que nos ocurra a nosotros mismos o a una persona muy allegada. Esa fue la experiencia de John Claypool cuando los médicos le dijeron que su hija de ocho años, Laura Lue, tenía una leucemia aguda. El escribe en *Tracks of a Fellow Struggler* (Pisadas de un compañero en la lucha):

> Era una niña brillante, exuberante, llena de vida y alegría. . . había terminado su segundo grado, y en el mismo día participó de dos recitales, un concierto de violín el sábado por la mañana, y un recital de ballet por la noche.
>
> Al día siguiente estaba cansada, y lo atribuimos a su hiperactividad. Pero el cansancio no disminuía y poco después comenzó a hinchársele el tobillo, hasta que finalmente el pediatra nos remitió a un especialista en el Hospital de Niños, donde al tercer día escuchamos el diagnóstico 'leucemia aguda'.
>
> Eso fue el miércoles, y yo no hice ningún esfuerzo para predicar el domingo siguiente. . .[1]

Si usted nunca estuvo en esa situación, si nunca le oyó decir a un médico: "Lo siento; es maligno. . . inoperable. . . pues,

---

1 John Claypool, *Tracks of a Fellow Struggler* (Waco: Word Publishers, Inc., 1974), p. 21.

podría haber alguna esperanza, pero. . .", probablemente tenga algunas dificultades para apreciar en su amplitud el trauma que experimentó Claypool y el que sufren otras personas en circunstancias similares. Ver morir a alguien a quien se ama es una experiencia solitaria, conocida en profundidad sólo por aquellos que han estado en esa situación, y es poco usual que quieran hablar de esto. Sin embargo, es importante que tratemos de comprenderlo. ¿De qué otra forma podremos ejercer el ministerio de consolación?

Durante los dieciocho meses y diez días que siguieron, John y su familia vivieron junto con la muerte. Fueron meses de esperanza angustiosa y de terrible dolor. Fue un correr vertiginoso sobre los picos y valles de una montaña rusa. Los períodos de remisión, en los cuales la esperanza era tan vigorizante como el primer día de la primavera, a la vez que la muerte no era otra cosa que una sombra distante, eran seguidos por una recidiva mayor, durante la cual la esperanza se hacía añicos en las rocas de la realidad, y retornaba la muerte, como un monstruo burlón. Estaba allí a cada rato, aún en los días más radiantes; y finalmente ganó, al menos, ésa fue la apariencia.

Habían transcurrido sólo dos semanas desde la Navidad, y un sábado por la noche, en que se veía caer la nieve en forma suave afuera de la ventana, Laura Lue murió en la cama de su propia habitación.[1]

En momentos como estos la Iglesia demuestra una unidad de propósito para llevar a cabo toda la actividad que es posible hacer en favor del que sufre. Pronto la mesa del comedor cruje por el peso de la asombrosa variedad de comidas que han traído los amigos. En realidad, nadie tiene apetito en esa situación, pero es algo de lo que se puede hacer, de lo que se puede dar. Es nuestra forma silenciosa de decir que la vida continúa: "Come algo, te sentirás mejor; tal vez no de repente, pero sí poco a poco, y verás que el sol volverá a brillar y que podrás reír una vez más."

---

1 Ibíd., p. 65.

Nadie dice algo parecido, al menos no lo dice en voz alta. Tal vez ni siquiera lo piense en forma consciente. Es algo más profundo, es casi intuitivo. Simplemente sabemos que la vida continúa, que la muerte se desvanecerá una vez más. Por eso seguimos viviendo, casi podríamos decir, como por rutina, hasta que volvemos a encontrar nuestro camino.

Por desgracia, la muerte no se desvanece tan rápido para los más afectados por ella. Mucho después de que han concluido los últimos actos y detalles que nos retienen cerca, mucho después de que los últimos parientes de otras ciudades se despidieron e hicieron el largo viaje de regreso a sus hogares; mucho después de que los amigos más queridos superaron su aflicción y regresaron a la vida normal, los deudos más cercanos todavía continúan con su dolor. El efecto residual de la muerte permanece como lo hace un obstinado dolor de muelas.

Y en ese momento, más que nunca, necesitarán el ministerio de consolación. No recibirán ya comidas, ni atenciones, ni tarjetas de condolencia, pero en cambio buscarán un lugar seguro donde puedan lamentarse sin ser ni censurados, ni entendidos mal. Ellos necesitarán, además, de una persona confiable, alguien que les permita ser reales, que les deje llorar o enfurecerse, según sea su necesidad. Alguien que no trate de explicarles lo inexplicable, ni que trate de solucionar todo con una oración. Lo que ellos necesitarán en esos momentos es alguien que sepa escucharlos.

En el caso de una enfermedad incurable, el verdadero ministerio de consolación comienza mucho antes de que llegue la muerte. Comienza con el diagnóstico del médico, tan pronto como el paciente y su familia saben que de acuerdo con la ciencia médica no hay ninguna esperanza. Los estudios llevados a cabo por la doctora Elizabeth Kubler-Ross, más conocida por sus investigaciones sobre la muerte y el proceso de morir, indican que la mayoría de los pacientes que enfrentan la muerte experimentan cinco etapas emocionales.

La primera etapa es la de la negación: "No puede ser. Se deben haber equivocado. Alguien cometió un error en el laboratorio."

Durante la etapa de la negación, muchos pacientes van de médico en médico buscando un diagnóstico favorable.

La segunda etapa es la del enojo: "¿Por qué, Dios, por qué? ¿Por qué yo? ¿Por qué no algún otro? No es posible. ¿Por qué tuve que ser castigado en la flor de la vida, mientras que tantos impíos disfrutan de perfecta salud?"

La tercer etapa es la del regateo: "Dios, si tú me ayudas, viviré para ti el resto de mi vida. Daré a la iglesia el 20% de mis ingresos. Si me permites vivir hasta que mi hijo se gradúe en la escuela secundaria, o que mi hija se case, o hasta el nacimiento de mi primer nieto, entonces moriré satisfecho."

La cuarta etapa es la de la depresión. Nada de lo anterior surtió efecto. Ni la negación, ni el enojo, ni el regateo. La enfermedad es real, el dolor es real, el fantasma de la muerte se agranda. Durante esta etapa, los pacientes se convierten con frecuencia en poco comunicativos. Vuelven el rostro hacia la pared y desean morir, desean acabar de una vez con la vida. Con frecuencia se resisten a todo tratamiento médico y, en breve, lo abandonan.

La quinta etapa es la resignación. Resignarse, pero no darse por vencido. Darse por vencido es perder toda esperanza, decir "lo que será, será". La resignación, por otro lado, reconoce la realidad de la situación sin perder las esperanzas. El paciente se da cuenta de que la muerte es inevitable a menos que haya un descubrimiento médico o una intervención divina, pero no se abandona. No malgasta el precioso tiempo que le queda en enojarse o negar. Durante esta etapa comienza a prepararse para el final, poniendo en orden sus asuntos y haciendo sus despedidas.

Es en este tiempo, antes de la muerte, que la familia del paciente es a la vez proveedora de cuidados y necesitada de atención. Ellos suministran cuidados en el sentido de que son la primera línea de apoyo espiritual y emocional del paciente. Sin embargo, en otro sentido, en virtud de su relación íntima con la persona moribunda, ellos mismos necesitan apoyo. Tienen por hacer una tarea que resulta casi imposible. No sólo se espera que estén presentes emocional y físicamente para atender al enfermo incurable, que es miembro de su familia, sino que deben mantener también su vida familiar diaria. Con bastante frecuencia la carga es más pesada de lo que pueden soportar, al menos más de lo que pueden soportar solos.

De allí la importancia que tiene el ministerio de consolación, pero en muchos casos no nos resulta fácil brindar en forma adecuada la consolación necesaria. La mayoría de nosotros no transitó antes este camino. No sabemos lo que la persona moribunda o su familia realmente siente, o quiere, o espera de nosotros. Como consecuencia, tendemos a evitar al moribundo y a los que sufren. Aun cuando nos disciplinemos para "cumplir con nuestro deber" (esto es, aun si no los evitamos físicamente), con frecuencia aislamos emocionalmente al moribundo, evitando cualquier referencia a su enfermedad o posible muerte.

H. Norman Wright identifica este proceso como el síndrome del abandono. Clasifica cuatro etapas: 1) un breve monólogo formal; 2) la reacción impersonal; 3) ignorancia o rechazo de las señales que la persona intenta dar, y 4) abandono literal.[1]

Durante la primera de estas etapas, las personas (aun los médicos y enfermeras), entran y salen comunicándose sólo en un nivel superficial. Por lo general hacen algunas preguntas retóricas, y luego se van sin dejar que la persona exprese sus sentimientos íntimos. Como cristianos, en momentos como ésos, solemos recurrir a la oración, en especial cuando el sentimiento que se expresa se torna muy doloroso para nosotros.

Una señora, víctima de cáncer, me dijo que su pastor entraba y salía de su habitación, y hablaba todo el tiempo; apenas si le daba la posibilidad de decir una palabra. Le preguntaba cómo le estaba yendo, pero no en una forma en que la animara a responder con sinceridad. Transcurrido un momento, oraba, y luego se iba.

Bien, por fin ya no podía más con sus visitas y, pensando en eso, tomó la decisión de que la próxima vez el pastor tendría que escucharla a ella. Cuando llegó, ella estaba preparada. El

1 H. Norman Wright, *Training Christians to Counsel* (Denver: Christian Marriage Enrichment), p. 136.

entró con su charla usual y preguntas superficiales: "¿Cómo se siente hoy? ¿Durmió bien? ¿Tuvo muchos dolores?" Entonces ella descargó en él su ansiedad. No con enojo, sino con sinceridad. Le contó que el dolor era absolutamente intolerable; que tenía miedo de morir; que oraba día y noche, pero parecía que Dios se había ido, que nunca le respondería, que nunca le haría experimentar su presencia. A esta altura, el pastor estaba obviamente incómodo, y cuando ella hizo una pausa para respirar, dijo: "Oremos."

En visitas anteriores ella había seguido humildemente su dirección, pero ese día fue distinto.

—No me haga esto —le dijo—. Usted siempre usa la oración como una especie de vía de escape. Cada vez que comienzo a decirle lo que en realidad significa tener apenas treinta años, ser madre de dos hijos, y morir de cáncer, usted quiere orar. Esa no es una oración verdadera. Son simples palabras religiosas, una pantalla de humo, tras la cual usted puede escaparse. Hoy me va a escuchar a mí; va a caminar conmigo a través del valle de sombra de muerte. Usted sabe que eso es lo que se supone que tiene que hacer. Esa es la razón por la que usted está aquí: para que yo no tenga que enfrentarme sola con la muerte.

Se quedó hasta que ella terminó, reconozcamos eso, pero luego de eso, pasó mucho tiempo hasta que tuvo lugar su próxima visita.

Comparto este incidente, no para desacreditar a ese hombre, ni su ministerio, sino como una forma de ilustrar en forma gráfica una táctica común que usamos los cristianos, estoy seguro de de que en forma inconsciente, para escapar del terrible dolor que constituye una parte tan importante de la enfermedad incurable No es que usemos mal la oración en forma consciente, sino que cuando nos enfrentamos con situaciones imposibles, recurrimos a la oración en forma natural. La mayoría de las veces la oración funciona bien así, pero en casos como estos lo cierto es que aísla a la persona moribunda, cosa que la oración nunca intentó hacer.

Las claves en estos casos son la oportunidad y la sensibilidad. O como dijo un padre dolorido después de la muerte prematura de su hijo: "Conozco todos los 'pasajes bíblicos correctos'. . . Pero la cuestión es esta: mientras que las palabras de la Biblia permanecen ciertas, la aflicción las presenta como irreales."

Lo mismo se puede decir sobre la oración. No hay nada, absolutamente nada más poderoso que la oración; sin embargo, el sufrimiento y la aflicción también la pueden hacer ver como irreal. Esto no quiere decir que debemos suprimir la oración en la habitación del enfermo, sino más bien que esa oración llegará a ser oportuna una vez que hayamos oído en profundidad, y con compasión, las preocupaciones sinceras del moribundo y de los miembros de su familia.

Un ministerio de este tipo exige un costo elevado. Hay algo dolorosamente perturbador en el hecho de ver morir a una persona, ya sea que el proceso lleve algunas horas o varias semanas. Parece que la muerte se burla de nosotros, que torna impotentes nuestros mejores esfuerzos, nuestra tecnología médica más moderna, y aun nuestras más sinceras oraciones. Nos enfrenta cara a cara con nuestra propia mortalidad, un tema del que por lo general conseguimos desentendernos con el trajín de la vida. Pero allí en la habitación del enfermo nos toma del cuello, nos mira a los ojos, y exige nuestra máxima atención.

John Claypool, al describir su propio tránsito por el valle de sombra de muerte, presenciando la lucha de su hija de ocho años contra una leucemia aguda, escribe:

Quizás necesito confesarle que a veces en los últimos meses transcurridos me sentí tentado a considerar que nuestra existencia es totalmente absurda. Más de una vez asumí la posición del totalmente incrédulo, y me pregunté con sinceridad si lo que solemos decir acerca del amor y del designio, y acerca de un Dios paternal, no sería sino un velo de fantasía que los humanos, en el manejo de nuestras emociones, habíamos proyectado contra el vacío. . . Por ejemplo, hubo momentos en los que Laura Lue estuvo tan intensamente dolorida, que tenía que morder un pañuelo y solía pedirme que orara a Dios pidiéndole que le quitara ese horrible dolor. Yo me arrodillaba al lado de su cama y oraba, con toda la fe y convicción de mi alma, pero no pasaba nada, excepto que el dolor continuaba con toda su furia. Otra vez, aquella misma conclusión negativa me tentaba cuando ella me preguntaba en la oscuridad de la noche:

—¿Cuándo se acabará esta leucemia?

—No lo sé, querida, pero estamos haciendo todo lo que sabemos para que eso suceda.

—¿Le preguntaste a Dios cuándo se pasará?

—Sí, tú me has oído orar muchas veces.

—¿El qué te dijo? ¿Cuándo dijo que se me pasará?

¡Y yo tenía que admitirme a mí mismo que Dios no me había dicho ni una palabra! Yo había hablado mucho, y orado y rogado, pero la respuesta de los cielos era el silencio.[1]

Creo que Jesús hablaba de esto cuando le preguntó a Santiago y a Juan, "¿Podéis beber del vaso que yo bebo, o ser bautizados con el bautismo con que yo soy bautizado?" (Marcos 10:38). La pregunta no era si podían beber su propio vaso de muerte; ni si podían permanecer fieles hasta la muerte; ni si podían morir su propia muerte como mártires, sino ésta: ¿Pueden caminar conmigo a través de mis sufrimientos y mi muerte? ¿Tienen aguante para esto? ¿Pueden consolarme aun sabiendo que en realidad no pueden cambiar nada; cuando lo único que podrán hacer será estar allí mientras muero, para que yo no tenga que enfrentar solo aquellas últimas horas?

¿Serán capaces de soportar cuando los romanos hayan terminado de colocar sus espinas y de dar sus azotes; cuando mi rostro esté blanco como un papel por la pérdida de sangre; cuando mi espalda esté surcada por hileras de carne desgarrada; cuando tambalee de debilidad por soportar más dolor del soportable para un hombre? ¿O se irán, incapaces de sobrellevarlo? Cuando me vean retorcerme de dolor extremo, y no puedan ni siquiera refrescar mi carne afiebrada; cuando oigan mi asfixiado clamor

---

1 Claypool, p. 77.

de sed; cuando sientan la oscuridad y la soledad que se cierne por dentro y por fuera; cuando oigan el clamor angustiado de mi alma, "Dios mío, Dios mío, ¿por qué me has desamparado?", ¿me consolarán entonces?

Juan estuvo allí hasta el penoso final, como también María, la madre de Jesús, María Magdalena y otros más. También estuvo Pedro, pero en el extremo más alejado de la multitud, lo más lejos posible. ¿Bebieron del vaso como con tanta seguridad dijeron que beberían? En realidad, no. Quizás lo probaron, se atragantaron con sus dolorosas heces, sintieron náuseas por lo amargo que era, pero no lo pudieron beber.

¿Verdad que es interesante, que las mujeres sobrepasaron varias veces en número a los hombres? No creo que fuera porque las mujeres son por naturaleza más valientes, sino más bien porque el consuelo brota de ellas en forma más espontánea. Las mujeres entendieron que Jesús cobraría fuerzas por verlas a ellas, que su presencia sería un consuelo para él. Además, querían estar allí; no podían imaginarse dejarlo morir solo.

Por otra parte, el ministerio de consolación es particularmente difícil para los hombres, para los que estamos acostumbrados a lograr terminar las cosas. Nos resulta difícil no hacer nada, sino simplemente esperar, observando, impotentes, mientras la muerte se lleva su presa. Queremos hacer algo, cualquier cosa. Debemos ejercer nuestra autoridad, recuperar el control de nuestro mundo. Pero ¿qué podemos hacer en estos casos aparentemente tan imposibles? ¿Quizás orar? ¿O fingir que aquel a quien amamos no está sufriendo ni muriendo?

Nuestra necesidad de hacer algo, cualquier cosa, es casi insoportable. Actuar nos proporciona el sentimiento de tener de nuevo el control. Por supuesto, no lo tenemos, pero parecería que sí, y eso hace que nos sintamos mejor. Sin embargo, cuando permitimos que nuestra disconformidad tome la iniciativa, por lo general hacemos mal las cosas.

Por ejemplo, cuando Jesús trató de transmitirles a los discípulos su inminente sufrimiento y muerte en Jerusalén, en manos de los principales sacerdotes, "Pedro, tomándolo aparte, comenzó a reconvenirle, diciendo: Señor, ten compasión de ti; en ninguna manera esto te acontezca" (Mateo 16:22).

Qué similitud con la etapa tercera del síndrome del abandono, descrita por H. Norman Wright, en que la familia y los amigos ignoran o rechazan las señales que intenta dar la persona que está muriendo. Por ejemplo, con frecuencia los pacientes dicen cosas como: "No me queda mucho más que esperar", o tal vez algo aun más directo: "Creo que voy a morir pronto". Es de lamentar que muchas personas responden cambiando de tema o con alguna tontería como: "No hables así. Vas a vivir por años. A lo mejor, es probable que me sobrevivas a mí". Mientras que por un lado hay la intención consciente de dar ánimo, por el otro es algo que rara vez, o nunca, funciona. En lugar de eso, esta respuesta no hace sino aislar al paciente, que queda solo para enfrentar la muerte.

El motivo subyacente, por lo general inconsciente, es escapar de nuestro propio dolor producido por una discusión sincera con el paciente acerca de sus verdaderos sentimientos. Todavía no estamos preparados para reconocer con sinceridad ni su muerte inminente ni nuestra pérdida personal.

Es habitual que esta situación nos lleva a la cuarta etapa, que literalmente es el abandono. Hay casos de personas que tienen una enfermedad que no es fatal, en que la enfermera se ve obligada a colgar en su habitación un cartel restringiendo las visitas. En cambio, cuando el diagnóstico es "incurable", la gente comienza a alejarse en forma voluntaria. También se ha observado que algunos seres queridos inicialmente tienen un contacto estrecho con el enfermo incurable, tal como besarlo en los labios. Luego comienzan a besarlo solamente en la frente, después en la mano, y por último hacen sólo el ademán de enviarles un beso con la mano antes de dejar la habitación. Lo trágico es que el paciente recibe ese mensaje.

Acompáñeme hasta el Getsemaní; es la noche de la traición de nuestro Señor. Las Escrituras lo relatan de esta manera: ". . .[Jesús] comenzó a entristecerse y a angustiarse" (Marcos 14:33). Escúchelo cuando le habla a Pedro, a Santiago y a Juan: "Mi alma está muy triste, hasta la muerte; quedaos aquí y velad" (v. 34). Esto quiere decir: No me dejen solo con esto. Quédense conmigo en estas horribles horas. Los necesito como nunca antes los he necesitado.

—¿Podéis beber del vaso que yo bebo? —se los había preguntado algunos días atrás.

—Podemos —le aseguraron ellos, ¿pero podían?

Esta es la hora de la verdad, y ellos no lo podían beber. El vaso es demasiado amargo, el dolor demasiado real. Ni siquiera podían mirarlo. Lo abandonan. . . no literalmente, eso vendrá después. Ahora, simplemente, se evaden en el dulce olvido del sueño. Por tres veces Jesús intenta despertarlos, recurre tres veces a ellos para que lo sostengan, pero se apartan del vaso de sus sufrimientos.

Marcos dice: ". . .y no sabían qué responderle" (Marcos 14:40). Qué parecidos a nosotros eran; o, mejor dicho, cuánto nos parecemos a ellos. Quedamos sin palabras frente a tal tristeza, con la lengua atada y torpe, sin darnos cuenta de que todo lo que él quiere es nuestra presencia. No quiere palabras, ni explicaciones teológicas, sino tan solo nuestra presencia.

Así es, en última instancia, para todo el que mira la muerte a los ojos, ya sea que se trate del paciente incurable que está muriendo en forma lenta, o del afligido ser amado. Cuando lo reducimos al denominador común más bajo, lo que ellos quieren de nosotros, lo que esperan, no es ni más ni menos que nuestra presencia.

Hace algunos años, cuando pastoreaba la iglesia del Consolador en Craig, Colorado, respondí a un desesperado llamado a mi puerta y me encontré cara a cara con un hombre desconsolado. En medio de sollozos me dijo que su hijo de diecisiete años había muerto atropellado por un tractor. Ese padre, destrozado como estaba, no me buscaba para que lo ayudara a él, sino a su esposa que estaba afuera en el auto, histérica.

Cuando llegué al auto, ella se movía de un lado a otro, llorando desde lo más profundo de su ser, con grandes sollozos entrecortados. Cuando me senté en el asiento a su lado, la escuché orar, pidiéndole al Señor que resucitara a su hijo de los muertos.

¿Qué hice? Nada. Es decir, casi nada. Sin decir palabra, puse mi brazo alrededor de sus hombros y tomé en mis manos uno de sus puños estrechamente cerrados. Durante varios minutos más ella continuó con su violento sollozo y su oración desesperada. Por fin comenzó a agotarse y, poco a poco, se fue tranquilizando. ¿Qué dije entonces? Muy poco. ¿Qué se puede decir en momentos como esos? Simplemente la sostuve y lloré en silencio, permitiendo que el Espíritu Santo le ministrara el consuelo por medio del don de mi presencia.

El ministerio de consolación es realmente muy simple; no es fácil, pero sí es simple. Lo más importante es la presencia; estar allí, no abandonar. Por lo general somos bastante buenos para estar allí en el momento de la crisis, pero cuando los días se transforman en semanas, tenemos la tendencia de quedar tan ocupados con el trajín de la vida que tenemos cada vez menos tiempo para el afligido.

Recuerde, el duelo es un proceso lento, que con frecuencia necesita dos años o más para completar su obra sanadora, y no se puede apurar. Algunos momentos específicos serán más difíciles que otros, las vacaciones, los aniversarios, cumpleaños y, por supuesto, el aniversario de la muerte. Nunca debemos darles una importancia especial para recordarle a la gente afligida su pérdida, ni para recalcar el significado de algún día determinado. Pero debemos ser conscientes de ellos y hacer un esfuerzo especial para estar disponibles en esos momentos difíciles.

Aparte de que nuestra ausencia se produzca antes del tiempo conveniente, con frecuencia fracasamos en nuestros esfuerzos por consolar. No es el caso de la persona a quien se le traba la lengua al llegar para tomar la mano del afligido, y no encuentra ninguna palabra para decir, porque su identificación con la pérdida es muy grande. Esa alma sensible, sin darse cuenta, provee más consuelo que una docena de consoladores que citan mucho la Biblia.

No me entienda mal. No estoy teniendo en poco el valor de las Escrituras eternas. Sólo quiero señalar que hay un tiempo para hablar y un tiempo para callar. Hay un tiempo para citar las Escrituras, un tiempo en que los grandes pasajes consolarán y sostendrán como ninguna otra cosa podrá hacerlo, pero ese momento rara vez tiene lugar durante las primeras etapas del duelo. Ese es un momento para estar simplemente allí, un tiempo para poner el brazo sobre los hombros, para dar una mano de apoyo.

Con frecuencia tratamos de solucionar las cosas, de decir algo que haga que el dolor desaparezca. Por lo general, cuando hacemos esto, sólo empeoramos la situación.

Por ejemplo, unos pocos días después de predicar en el funeral de ese joven de diecisiete años, fui a visitar a sus padres y los encontré, en especial a la madre, luchando con sus sentimientos de culpa. Esto no es nada raro en los días inmediatos a la muerte de un ser querido. Estoy seguro de que todos nosotros podemos pensar en cosas que hubiéramos querido hacer de una manera diferente, cosas que hubiéramos deseado decir o no decir. Pero esto era distinto, y lo sentí casi de inmediato.

Una amiga bienintencionada, pero insensible y sin tino, había reprendido a la madre por llorar.

—Tu hijo era cristiano, ¿verdad? —razonó ella—. Entonces, está en el cielo con el Señor, así que seca tus lágrimas y regocíjate.

¿Cómo cree que se sintió con ese consejo la madre en duelo? Culpable y confundida, puedo asegurárselo. Sin duda, sintió que si creía de verdad, entonces quizás no hubiera llorado; sin embargo, a ella le dolía tanto, su pérdida era tan grande, su herida estaba tan en carne viva, que no podía detenerse. Y si esto la lastimaba así, ¿querría decir que no era una verdadera cristiana?

Por supuesto que no. Su duelo tenía muy poco que ver con la calidad de su fe, pero tenía mucho que ver con el amor que sentía por su hijo. Pero al mismo tiempo, quizás sí tenía algo que ver con su fe. ¿No es cierto que se requiere mucha fe para confiar en Dios en medio del enojo y del dolor, contándole a él lo que se siente realmente en el interior, lo que hay detrás de la apariencia valiente que presenta el rostro delante de los amigos cristianos, y, además, lo que hay debajo de la calma exterior que se exhibe frente al mundo?

Es probable que usted se pregunte, ¿cómo deberíamos responder a alguien que está expresando bastante dolor y enojo? Dejemos que Jesús sea nuestro modelo.

Después de la muerte de Lázaro, Jesús fue a ministrar a su familia, en especial a Marta y a María. Cuando Marta oyó que él venía, corrió para encontrarse con él y de inmediato comenzó a volcarle su corazón. "Señor —le dijo Marta—, si hubieses estado aquí, mi hermano no habría muerto" (Juan 11:21).

Su primera reacción fue de enojo. Acusa a Jesús de haberle fallado, de no sentir afecto, de ignorarlos en la hora de mayor necesidad. ¿Qué hace Jesús? ¿Qué le responde? Recibe el enojo sin reprenderla. Comprende cómo le deben parecer las cosas desde su limitada perspectiva, cómo amaba a su hermano y cuán profundamente lastimada estaba.

Sin embargo, Marta no se detiene allí. Aun en medio de su enojo, su fe se expresa: "Yo sé que resucitará en la resurrección, en el día postrero. . . yo he creído que tú eres el Cristo, el Hijo de Dios, que has venido al mundo" (Juan 11:24,27).

En ese paso inmediato del enojo a la fe, Jesús encuentra la oportunidad de enseñarle a partir de la confesión que acaba de hacer. Le dice: "Yo soy la resurrección y la vida; el que cree en mí, aunque esté muerto, vivirá. Y todo aquel que vive y cree en mí, no morirá eternamente. ¿Crees esto?" (Juan 11:25). Marta clama, "Sí, Señor" (v. 27).

María responde en forma diferente. Ella también está lastimada y enojada, tal vez más lastimada y enojada debido a su temperamento.

María, cuando llegó a donde estaba Jesús, al verle, se postró a sus pies, diciéndole: Señor, si hubieses estado aquí, no habría muerto mi hermano.

Jesús entonces, al verla llorando, . . . se estremeció en espíritu y se conmovió. . . [y] Jesús lloró" (Juan 11:32,33,35).

Note que Jesús también responde a la necesidad que tiene María. De su confesión se evidencia casi nada de fe, salvo la fe de decirle a Jesús cómo se siente en realidad. De alguna forma, aun en su duelo y disconformidad, cree que él la comprenderá, y realmente es así. Jesús no le enseña a María ninguna verdad teológica, ni le revela nada sobre la vida de resurrección, ni le da una enseñanza sobre la relación de él con el Padre. ¿Por qué? No porque esas enseñanzas hayan perdido valor, sino porque María no está preparada para recibirlas. No hay en el corazón de María otra cosa que tristeza y lágrimas, y Jesús le responde a partir del punto en que ella se encuentra. Jesús llora con ella.

¿Qué estoy tratando de decir? Simplemente esto: cuando ministramos a los que sufren debemos hacerlo a partir del punto en que ellos se encuentran. Si están expresando una fe sincera, refléjeles esa fe. Si están enfurecidos, derramando su enojo y dolor, acepte eso sin reproches. No los censure. Y no trate de explicar por qué les ha sucedido esa terrible tragedia. Escuche con amor. Llore con ellos. Recuerde, no está mal que diga que no sabe. La vida está llena de misterio, y la fe no significa que tengamos todas las respuestas, sino más bien que confiamos en Dios en forma incondicional, aún cuando no parezca haber respuestas.

Algunos de los conceptos teológicos peor enunciados que he escuchado estuvieron relacionados con la intención equivocada de querer explicar el porqué de una enfermedad o muerte inexplicables. Por ejemplo, he oído decir: "Dios debe de tener sus razones", como si hubiera algo de mágico en el sufrimiento y en la muerte, algo que sólo Dios comprende.

Admito que hay personas que han tornado sus sufrimientos y tragedias en testimonios. Pero con mayor frecuencia, sucede lo contrario. Hay personas que se han trastornado por exceso de tensión, matrimonios que se han disuelto después de la muerte de un hijo, y sobrevivientes a tragedias que se han vuelto cínicos y amargados.

No entiendo por qué el sufrimiento y la muerte golpea a uno sí y a otro no, pero rechazo, sin temor a equivocarme, la hipótesis de que Dios es el causante o de que esa tragedia responde a su voluntad. Puede ser que él permita estas cosas terribles; por cierto él está listo para ayudarnos a enfrentar nuestras tragedias y para caminar con nosotros a través del valle de sombra de muerte.

En su libro *When Bad Things Happen to Good People* (Cuando a la gente buena le suceden cosas malas) Harold Kushner habla sobre esto. Escribe así:

> Una vez me llamaron para ayudar a una familia en medio de una tragedia casi insoportable. Esta pareja de mediana edad tenía una hija, una brillante estudiante del primer año de la universidad. Una mañana, recibieron un llamado de la enfermería de la universidad: "Tenemos malas noticias. Su hija tuvo un colapso en camino a la clase. Se le rompió un vaso sanguíneo en el cerebro y murió antes que pudiéramos hacer algo. Lo lamentamos tremendamente. . ." Yo fui a verlos ese mismo día. Esperaba verlos enojados, angustiados, o sufriendo de trauma sicológico, pero no me anticipé a sus primeras palabras: "Rabí, ¿sabe que no ayunamos en la fiesta de yom kipur?"[1]
>
> De alguna manera demostraban sentirse culpables por esa tragedia. ¿Quién les enseñó a creer en un Dios que abatiría a una dotada joven, como castigo por una infracción ritual de un tercero?[2]

Jesús también rechazó este tipo de razonamiento simplista de causa a efecto cuando le preguntaron acerca de los galileos a quienes había asesinado Pilato.

> Respondiendo Jesús, les dijo: ¿Pensáis que estos galileos, porque padecieron tales cosas, eran más pecadores que todos los galileos? Os digo: No. . . O aquellos dieciocho sobre los cuales cayó la torre en Siloé, y los mató, ¿pensáis que eran más culpables que todos los hombres que habitan en Jerusalén? Os digo: No. . . (Lucas 13:2-5).

Jesús no explicó ninguna de las dos tragedias, pero puso en claro de manera enfática el hecho de que ni las víctimas ni sus familiares eran culpables por lo que les había sucedido.

Tengo la inclinación a ser bastante duro conmigo mismo

---

1 Parafraseado de Harold S. Kushner, *When Bad Things Happen to Good People* (New York: Avon Books, 1981), p. 8.

2 Ibíd.

cuando no puedo explicar en forma adecuada el sufrimiento o la muerte, pero quizás a la luz del ejemplo de Jesús debería estar satisfecho con explicar lo que no es. O mejor aun, quizás deberíamos limitarnos a ministrar el consuelo a la persona afligida.

Hace algunos meses me telefoneó un hombre que había visitado nuestra iglesia un par de veces. Era obvio que se sentía herido. Los médicos le habían informado que su padre tenía cáncer en todo el cuerpo y pronosticaron que viviría sólo unos pocos meses. Lo escuché en silencio mientras él abría su corazón, repitiendo algunas de las cosas que dijo. No hice ningún intento por explicarle el misterio de por qué le estaba sucediendo eso a su padre. Tampoco intenté animarlo con falsas declaraciones. Después de casi veinticinco minutos, se fue tranquilizando; compartí con él un pasaje de las Escrituras, y oramos. Mientras se preparaba para terminar nuestra conversación, me repetía una y otra vez cuánto le había ayudado, y me agradecía por animarlo. En realidad, no hice otra cosa que escucharlo con un interés genuino. No le dije más que media docena de frases y, sin embargo, se sintió consolado.

Aprendí una vez más que la clave del ministerio hacia la persona afligida es la bondad y la compasión, simplemente, el estar allí. O, como dice Joe Bayley:

No trate de demostrarle nada a un sobreviviente. Todo lo que necesita, en lugar de razonamientos lógicos, es un brazo alrededor de su hombro, un fuerte apretón de manos, un beso.

Capítulo 7

Una paz insólita

Ella estaba fuera de sí.
En su alma atribulada se agitaban
tormentas internas de duda y de temor.
Era como un nervio al descubierto,
en carne viva, vociferante.
	Su esposo había sido reiteradamente infiel.
Pasada la medianoche,
aún no había regresado a casa.
	Su imaginación,
condicionada por la experiencia anterior,
había creado una serie de escenas atormentadoras.
	¿Estaría con otra mujer? ¿Sería infiel una vez más?
¿O en ese preciso momento se estaría retorciendo de dolor,
víctima de un trágico accidente automovilístico?
¿Estaría tirado en algún lugar en estado de coma diabético?
	Una vez más, sus agitadas emociones dieron a luz
una serie de pensamientos impuros.
Sufrió un arrebato de ira,
que la dejó enardecida y temblorosa,
con crueles ansias de vindicarse y lista para la revancha.
	Luego surgió el temor,
como una mano helada sobre su corazón,
temor frío y paralizador
que fue seguido, casi de inmediato,
por sentimientos de rechazo y de fracaso.
	No era lo suficientemente buena,
	ni linda,
		ni elegante.
En la oscuridad de su mente los celos,
	burlándose de ella, manipulando su imaginación,
		jugaban con ella como si fuera una marioneta.
	Tomé sus manos en las mías, con amabilidad,
y al hacerlo,

tuve una visión de Jesús,
parado en la proa de un pequeño barco.
Se paró allí, lleno de majestad,
mientras los vientos lo azotaban
y las olas enfurecidas lo empapaban
con ráfagas saladas.
    Pronunció una sola palabra: "¡Paz!"
Al instante el mar estaba calmo,
el viento se redujo para ser sólo un aliento.
    —Jesús —oré—,
—Infunde paz en su alma atribulada.
Calma las violentas tormentas de duda y de temor.
Y, como un milagro, comenzó a tranquilizarse.
Reinó la paz
donde pocos minutos antes había dominado el caos.
¡Nada había cambiado y, sin embargo,
todo era diferente!
    Aún no había regresado el esposo,
ni había llamado por teléfono;
sin embargo, su temor y su enojo habían desaparecido,
al menos por un momento.
    Pedí permiso para irme,
y me fui a casa en el silencio de la noche,
maravillado una vez más ante la evidencia de la paz de Dios
que sobrepasa todo entendimiento.

Capítulo 7

Una paz insólita

Antes de seguir con la lectura, tómese un momento para forjar en su mente una escena que represente la paz. Imagine las circunstancias, el entorno, la situación que le permitiría estar en una paz absoluta.

Complete el cuadro. Llénelo con colores y sonidos, y con todos los demás detalles.

Continúe. Ponga su dedo entre las páginas de este libro, ciérrelo, y no lo vuelva a abrir hasta que haya completado la escena y la tenga fija en su mente con firmeza.

¿Se imaginó una escena tranquila? Quizás corresponda a una madre joven en un momento de dichoso descanso, acunando con ternura su bebé dormido. Puede ser que se trate de un paseo agradable por el parque después de un día agitado. O tal vez consista en la lectura de un buen libro, frente a un fuego encendido, en una noche de invierno. O lo imaginado podría ser estar tomando una segunda taza de café después de despedir al esposo que se fue a trabajar, mientras los niños viajan con seguridad en el ómnibus escolar. O es una hermosa puesta del sol. O presenta a un niño acostado en su cama muy cómodamente, envuelto en un sueño tranquilo, con su rostro casi querúbico bajo el suave resplandor de la noche iluminada.

Eso es la paz, no hay detalles discordantes, y eso es maravilloso; pero la paz de Dios no es necesariamente así, al menos nada de eso representa una expresión acabada de su paz. Esa clase de paz es condicional, pues depende de las circunstancias externas.

La paz de Dios, por su parte, no depende de ninguna otra cosa que de Dios mismo, y trasciende todo entendimiento. Es un tipo diferente de paz.

En mi vida he atravesado por varias experiencias en las que la paz sobrenatural de Dios tomó, sencillamente, posesión de mí. Ninguna, sin embargo, fue más vívida que la vez en que creíamos que nuestra hija Leah se moría.

Comenzó con una calentura muy baja, seguida de vómitos que duraron un par de días. Dado que tenía sólo ocho meses y parecía estar deshidratada, decidimos llevarla a un pediatra. Después de examinarla, el médico le puso una inyección. Cuando lo hizo, sufrió un severo ataque de apoplejía.

Sin pérdida de tiempo el médico ordenó una segunda inyección, y al fracasar ésta en controlar las convulsiones, ordenó una tercera que también resultó ser infructuosa. En ese momento Brenda y yo estábamos casi fuera de nosotros mismos. Cualquier duda que todavía teníamos acerca de la seriedad de la situación se desvaneció cuando el médico levantó en sus brazos el cuerpo rígido de Leah y corrió hacia su auto. Brenda y la enfermera lo siguieron y en segundos estaban en marcha hacia el hospital.

Corrí detrás de ellos en mi auto. El temor me impulsaba cada vez más hacia una situación de pánico. Parecía que todo lo que podía ver era el pequeño cuerpo de Leah, rígido y espástico, con sus ojitos dados vuelta. ¿Volvería a sonreír alguna vez, escucharía con alegría su suave risa cuando Brenda le sujetaba un pañal seco en su traserito recién empolvado?

Los pensamientos terroríficos de muerte, de la muerte de Leah, de la muerte de nuestro bebé, pujaban por controlar mi mente. Con un enorme esfuerzo los disuadía, sólo para que regresaran un minuto más tarde con creces. Había otros pensamientos casi tan terroríficos como esos, en los que Leah se presentaba con un daño cerebral o en que manifestaba las convulsiones de una epilepsia.

En el lugar de estacionamiento del hospital detuve el auto violentamente, justo a tiempo para ver que el médico corría con Leah hacia una sala de emergencia con equipo especial. Durante las siguientes dos horas y media, los médicos lucharon para salvar su vida. Brenda y yo quedamos solos esperando el resultado. En la desesperación llamé a mi familia y a la familia de Brenda, rogándoles que oraran. Puedo recordar con claridad la desolación que se abatió sobre mí después de colgar el auricular. Me sentí totalmente solo, parado al lado del ya mudo teléfono, en el tramo final de ese pasillo vacío.

Recobrándome un poco, regresé a donde estaba Brenda, que iba y venía nerviosamente por el piso justo fuera del área de emergencia. Nos colgamos el uno del otro, lloramos y oramos. Enfrentamos juntos la dura realidad: podría suceder que Leah no viviera y, si vivía, que nunca volviera a ser la misma. Jamás la vida pareció tan vacía de esperanza, y a la vez tan llena de dolor y temor. Sin embargo, aun cuando nos acercábamos cada vez más a la terrible posibilidad de la muerte de Leah y todo lo que eso significaría para nosotros, comenzamos también a sentir cada vez más la presencia de Dios y su paz.

No era que la posibilidad de la muerte de Leah hubiera disminuido; ni que fuera menos real que antes. A pesar de eso, y en una forma que es difícil de explicar, de pronto estábamos en paz. Hasta ese momento, me preguntaba cómo sobrevive alguien la muerte de un hijo. Ahora lo comprendía, al menos en parte, al menos hasta el grado en que alguien que nunca ha perdido un hijo pudiera comprender. Esto es lo que solíamos cantar con el himno ". . .su gracia es mayor si las cargas aumentan . . ."[1] De algún modo se posesionó de nosotros la seguridad de que sin importar lo que sucediera, fuera que Leah viviera o muriera, la gracia de Dios sería suficiente. De alguna manera seguiría valiendo la pena vivir.

Por fin apareció el médico. Parecía exhausto pero aliviado. Leah estaba fuera de peligro y seguiría viviendo. El equipo médico quiso dejarla en el hospital algunos días más. Sería sometida a una serie de pruebas. El médico nos escuchó con paciencia cuando lo bombardeamos con nuestras preguntas y

---

1 Annie Johnson Flint, "He Giveth More Grace", música por Hubert Mitchell (Lillenas Publishing Co., 1941, 1969).

preocupaciones. Después de respondernos lo mejor que pudo, se despidió y nos dejó solos otra vez.

En realidad, no estábamos solos, ¡Dios estaba con nosotros! Después de eso, quedamos aliviados, pero no en la medida que yo hubiera deseado. Pero el verdadero alivio era el que había llegado antes: era la paz de Dios que sobrepasa todo entendimiento.

Por ese entonces sacaron a Leah de la sala de emergencia en una camilla y Brenda quedó sin aliento. Tenía puesto solamente un pañal y sus manos y pies estaban atados a los travesaños de la camilla con cordones de ropa, y un tubito con medicamento penetraba en una vena de su cabeza. La seguimos mientras la llevaban a la enfermería. Simplemente, estuvimos allí, al lado de su pequeña cama, por un largo rato, viéndola dormir, aliviados de alguna forma por el apacible movimiento de su respiración. La tormenta no había terminado, pero había pasado la crisis, al menos por el momento, y me vi a mí mismo examinando la paz que se apoderaba de mí.

Vino a mi mente una historia. Algo que había leído en algún lugar, o tal vez un mensaje que había escuchado. Se refería a un grupo de artistas a quienes se les pidió que pintaran cuadros que representaran la paz. La mayoría de ellos hicieron dibujos sobre la clase de cosas que serían de esperar: una tranquila pradera al momento de la puesta del sol, una madre con su hijo, un santuario vacío bañado por la luz refractada de un vidrio de color.

Había, sin embargo, un cuadro diferente a todos, totalmente distinto. Era una escena violenta. El cielo estaba negro, rasgado por flamígeros relámpagos. Se veía un árbol solitario, aferrado en forma obstinada a un peñasco, torcido por el viento violento, mientras que las furiosas olas se estrellaban contra las rocas que sobresalían en la base donde el peñasco se unía al mar.

Alguien preguntó: "¿Cómo puede esta violenta tormenta representar la paz?"

El artista estaba allí cerca y alcanzó a oír la pregunta. Uniéndose al grupo de los espectadores, los animó a reexaminar el cuadro, para que notaran no sólo lo obvio sino también los detalles.

De pronto alguien exclamó: "¡Lo veo! ¡Lo veo!" y señalándolo, dijo: "Miren, allí en la hendidura de la roca: hay un pájaro que está cantando."

Cuando oí esa historia por primera vez, me pareció una buena ilustración. Ahora se había convertido en una profunda verdad, una verdad que yo mismo había experimentado. Yo era ese pequeño pájaro, refugiado en la hendidura de una roca. Alrededor de mí rugía una tormenta. La enfermedad y la muerte amenazaban a mi única hija, y sin embargo, tenía paz. La tormenta amainaba un poco y me consolé con eso. Sin embargo, la verdadera fuente de mi confianza radicaba en que sentía la presencia de Dios y en que disfrutaba de la paz que ella me traía.

Esa paz no es sólo para mí. Los anales del cristianismo están llenos de experiencias similares. Considere, por ejemplo, la historia de Elaine St. Johns. Ella experimentó la paz sobrenatural de Dios después de un serio accidente automovilístico. Y escribió lo que sigue:

Un auto no necesita mucho tiempo para pasar por encima de un peñasco. En un instante el convertible en el que yo viajaba se volcó en el camino montañoso del Cañón Topanga, entre las luces brillantes del Valle de San Fernando y las casas playeras del Océano Pacífico. El instante siguiente, estaba con sus ruedas hacia el cielo, sobre una maraña retorcida de maleza muchos metros más abajo. Y yo estaba debajo del auto, atrapada, totalmente consciente, paralizada desde el cuello hacia abajo.

Debió haber sido uno de los momentos más oscuros de mi vida.

Pero no lo fue.

Porque entre ese instante y el siguiente, sentí realmente la presencia de Dios. Se manifestó como una voz interior que repitió tres veces la hermosa promesa: "Y he aquí yo estoy con vosotros todos los días"

(Mateo 28:20). Simultáneamente ingresé a un momento que parecía estar fuera del tiempo, en el cual el amor de Dios se hizo tangible, consolador, cálido, brillante de luz, lleno de paz, envolvente.

Ese momento especial pasó, pero la paz, su paz, permaneció en mí.

Los acontecimientos que siguieron se desarrollaron con rapidez. Sentí el olor de los vapores de la gasolina. Llamé a mi compañero que conducía el vehículo, el que había sido arrojado aparte, pero se encontraba confundido, aunque ileso. Le pedí que apagara el motor. De repente, aunque yo no tenía conocimientos médicos, me di cuenta de que mi cuello estaba "quebrado". Le pedí a mi compañero que me sacara con firmeza de debajo de las ruinas, conservando mi posición, sosteniendo ambos pies. Mientras lo hacía, la médula espinal se alivió de la presión que recibía. Retornó la sensibilidad. Más tarde nos dijeron cuán peligroso era este procedimiento, que se realiza sólo en la sala de cirugía después de una serie de rayos X, y aun así no siempre resulta exitoso.

Por la ruta solitaria se acercó un auto que se detuvo. Dos hombres me cargaron hasta el camino con cuidado, me llevaron al hospital, y se fueron. Una vez más, había sido objeto de un procedimiento muy peligroso. Sin embargo, de no haber sido así, podrían haber transcurrido muchas horas antes de que nos encontraran, y, debido a que estábamos en una zona que era tierra de nadie, por estar en controversia entre las ambulancias del Valle y las de la costa, habrían transcurrido algunas horas más antes de que hubiera recibido ayuda.

En el hospital, los médicos esperaban que yo sufriera una conmoción. Nunca sucedió. Ni siquiera perdí la calma durante las crisis médicas y las emergencias que tuve en las semanas siguientes.

El equipo del hospital llegó a la conclusión de que todo eso fue una serie de pequeños milagros. Yo sabía que no. Eran el resultado de un gran milagro, de aquel momento en el que experimenté el amor de Dios.

Había trabajado mucho, a veces muy desanimada, en un esfuerzo por recibir la obra de Cristo "en buena tierra. . . y da[r] fruto con perseverancia" (Lucas 8:15). Con mucha frecuencia parecía que esa perseverancia iba a ser el fruto principal. Entonces, en el momento extremo, cuando no podía hacer nada por mí misma, cuando no tenía posibilidad de trabajar, u orar, o aun pensar, el fruto apareció como una gracia instantánea: "Y he aquí, yo estoy con vosotros siempre."
Y él estuvo.[1]

En un sentido, la paz de Dios que experimentó Elaine St. Johns fue el resultado de su gracia soberana. De pronto, en forma instantánea, ella la poseyó, o mejor dicho, la paz la poseyó a ella. No hizo nada para generarla. ¡Estaba allí!

Sin embargo, en un sentido aun más profundo, fue la consecuencia de sus disciplinas espirituales. Desde un tiempo atrás, se había estado preparando para este momento, o para uno similar. Diariamente había guardado en su corazón la Palabra de Dios y había sintonizado su oído con la voz de Dios.

"Entonces, en el momento extremo, cuando no podía hacer nada por mí misma, cuando no tenía posibilidad de trabajar, u orar, o aun pensar, el fruto apareció como una gracia instantánea: "Y he aquí, yo estoy con vosotros siempre.""[2]

Puede ser que en este mismo momento usted esté luchando con una situación abrumadora, o quizás conoce y ama a alguien que tiene esa lucha. En medio de esa situación usted no tiene la paz de Dios, y el temor y la ansiedad han invadido su vida,

1 Elaine St. Johns, citado en *Dawnings: Finding God's Light in the Darkness*, ed. por Phyllis Hobe (New York: Guideposts Associates, Inc., 1981), pp. 34, 37.

2 Ibíd., p. 37.

dejándolo atormentado y solo. Tal vez se estará preguntando: ¿Qué puedo hacer para encontrar la paz de Dios?

Primero, cambie su enfoque. Cuando se está en medio de una situación difícil, es fácil preocuparse por las adversidades, es decir, estar centrado en los problemas, en lugar de tener a Dios como el centro. La persona que está centrada en su problema parece estar mirando a Dios a través del lado incorrecto del telescopio. Dios parece pequeño y distante; como resultado, su vida está dominada por problemas en apariencia insuperables y la persona se encamina hacia la desesperación.

La persona centrada en Dios, en cambio, pone su mira en la suficiencia de Dios, en su amor y su presencia, y concluye como el apóstol Pablo: "Si Dios es por nosotros, ¿quién contra nosotros?" (Rom. 8:31). No niega la realidad de sus problemas, sino que los pone en su perspectiva correcta.

Permítame darle un ejemplo de cómo supero mis temores, o por lo menos cómo me las arreglé con ellos. Yo lo llamo "el peor escenario posible". Es así cómo funciona:

Regresemos a la tarde en que Leah sufrió de pronto convulsiones que amenazaban su vida. Una vez que acepté la seriedad de la situación, comencé a analizarla con mi mente. Consideré todas las posibilidades y las proyecté una por una hasta el final más amargo, incluyendo la posibilidad de su muerte. En cada escalón, me preguntaba si la gracia de Dios sería suficiente para enfrentar esa posibilidad. La respuesta clave, por supuesto, tenía que ver con la muerte. Si Leah moría, ¿sería suficiente la gracia de Dios?

Caminando por el pasillo de aquel hospital, luché con esta pregunta. Mi temor no era por Leah. Si ella moría, estaría con el Señor, libre de todo sufrimiento y dolor, sin conocer la tristeza y el desengaño que forman una gran parte de la vida. No, mi preocupación se centraba en Brenda y en mí.

La muerte, como lo señala en forma tan acertada el autor Joe Bayley, es una herida para el viviente, y yo quería saber si podría sobrevivir. Vinieron a mi mente otros padres que habían perdido a sus hijos, a algunos los conocía en forma personal y de otros sólo había leído. Recordé su dolor, pero también recordé su esperanza, y cobré ánimo. Por último, concluí que la gracia de Dios era más grande que la muerte, y me encontré citando Romanos 8:35,37-39:

¿Quién nos separará del amor de Cristo? ¿Tribulación, o angustia, o persecución, o hambre, o desnudez, o peligro, o espada?. . . Antes, en todas estas cosas somos más que vencedores por medio de aquel que nos amó. Por lo cual estoy seguro de que ni la muerte, ni la vida, ni ángeles, ni principados, ni potestades, ni lo presente, ni lo por venir, ni lo alto, ni lo profundo, ni ninguna otra cosa creada nos podrá separar del amor de Dios, que es en Cristo Jesús Señor nuestro.

Como ya le he dicho, la paz de Dios nos envolvió a Brenda y a mí aun antes de que supiéramos que Leah estaba fuera de peligro. Una parte de eso fue algo tan simple como una manifestación de la gracia soberana de Dios. Pero a otro nivel era el resultado de nuestro enfoque mental, de nuestra confianza en su suficiencia. Sabíamos que Dios era capaz de curar a nuestra pequeña hija y también sabíamos que si ella no se curaba, él era capaz de reconstruir nuestros corazones traspasados de dolor y llenar nuestra vida destrozada con un gozo y un propósito renovados. Al recordarnos aquellas verdades en forma continua, encontramos su paz en medio de una crisis que amenazaba la vida.

Estoy convencido de que la mayoría de las personas pueden superar casi cualquier penuria si están seguras de tres cosas. Primero, que a Dios le importa lo que les sucede. Luego deben estar seguras de que Dios está con ellas, de que él no las abandonará, ni las dejará solas con su dolor. Y, por último, tienen que tener la seguridad de que él redimirá su situación; esto es, que hará que de alguna manera contribuya a su final semejanza a Cristo.

Como criaturas racionales, el pensamiento de que un accidente trágico o una enfermedad podrían ser inútiles y sin sentido, nos resulta del todo insoportable. Pero en cambio podremos soportarlo si llegamos a estar convencidos de que al final Dios obtendrá un bien de algo que para todo el mundo parece una tragedia sin sentido.

¿Recuerda el momento en que Jesús y sus discípulos fueron sorprendidos por una tormenta en el mar? Marcos lo relata de este modo:

> Pero se levantó una gran tempestad de viento, y echaba las olas en la barca, de tal manera que ya se anegaba. Y él estaba en la popa, durmiendo sobre un cabezal; y le despertaron, y le dijeron: Maestro, ¿no tienes cuidado que perecemos? (Marcos 4:37,38)

Como nos sucede a muchos de nosotros cuando somos sorprendidos en una crisis personal, ellos se preguntaban si a Jesús le preocuparía lo que les estaba sucediendo. Entonces clamaron: ". . .¿no tienes cuidado que perecemos?"

Me viene al recuerdo una pareja joven de nuestra iglesia que estuvo dos años en el campo misionero. Estando allí, les nació su segundo hijo, pero muerto. Fue un golpe desolador. Estaban a miles de kilómetros de sus familias y amigos, arriesgando sus vidas por causa del reino, haciendo exactamente aquello a lo que Dios los había llamado. . . ¿por qué, entonces, murió su bebé? Me pregunto cuántas veces habrán clamado: "Señor, ¿no tienes cuidado?"

Viene a mi mente el caso de una madre afligida. La mayor parte de su vida había estado llena de penurias. Se casó con un soldado que la llevó a los Estados Unidos siguiendo el recorrido de su servicio. Poco después del nacimiento de su primer hijo, la abandonó por otra mujer. Sola, en un país extranjero, con un bebé para cuidar, se habrá preguntado: "Señor, ¿no tienes cuidado?"

Pronto descubrió que su hijo tenía una epilepsia grave, que requería medicamento y cuidado constantes, además de una educación especial. "Señor, ¿no tienes cuidado?"

Por último, siendo ya un joven de dieciséis años, el hijo se inscribió en la escuela pública y parecía que, por fin, estaba entrando en una vida normal. Pero al poco tiempo se ahogó al sufrir un accidente imprevisto. Había quedado solo en una piscina siguiendo una clase de natación y, aparentemente, sufrió un ataque. Otra vez la madre habrá clamado: "Señor, ¿no tienes cuidado?"

Acepto que estos son casos extremos, pero no son tan aislados como yo creía un tiempo atrás. Después de más de veinte años en el pastorado, me doy cuenta cada vez más de que hay muchas personas que viven con su dolor, muchos que sufren en silencio y ocultan su aflicción en público detrás de una sonrisa. Una y otra vez me han suplicado una respuesta. Su pregunta es: "¿No tiene cuidado Dios?", o, "¿por qué Dios no hace algo?"

En realidad lo que buscan no son respuestas, sino afirmaciones. En forma intuitiva saben que los "porqués" están más allá de nosotros.

Algunas veces, simplificando bastante, explico que habitamos en un planeta que está en rebeldía, que somos parte de una raza que vive fuera de la voluntad de Dios, y que una de las consecuencias de esa rebeldía es la enfermedad y la muerte. No es que Dios la envía, ni que la desea. Es sólo una consecuencia natural del estado caído de la humanidad. Como los cristianos somos parte de esta raza, también nos toca sufrir a veces las consecuencias de ese estado caído, a pesar de que en lo personal estemos comprometidos en hacer la voluntad de Dios y en adelantar la venida de su reino.

Jesús derrotó la enfermedad y la muerte mediante su propia muerte y resurrección, pero aún no la ha destruido. Eso sucederá en su segunda venida: "Porque preciso es que él reine hasta que haya puesto a todos sus enemigos debajo de sus pies. Y el postrer enemigo que será destruido es la muerte" (1 Corintios 15:25,26).

Podemos seguir preguntando por qué, podemos altercar con Dios por la aparente injusticia de la vida, por la falta de equidad de todo esto, pero a fin de cuentas resulta un ejercicio inútil.

Por favor, no interprete mal mis palabras. No estoy diciendo que no debemos enojarnos nunca, ni expresarle a Dios nuestro enojo, ni demandar una explicación. Muy por el contrario, creo que una expresión así no sólo es saludable sino también necesaria. Es parte del proceso de la aflicción; a fin de lograr que pase nuestro enojo, con frecuencia necesitamos confesarlo sinceramente a Dios.

Y debemos llegar al punto en que el "porqué" en realidad no pierda importancia, ya que en esta vida sólo ". . .vemos por espejo, oscuramente. . . [sólo] cono[cemos] en parte. . ." (1 Corintios 13:12). Si se lo permitimos, Dios nos dará algo mejor que respuestas o explicaciones. ¡Nos dará una confianza incondicional!

Después de todo, la verdadera pregunta no es "¿por qué?" sino "¿lo sabe Dios, tiene cuidado?" Y como respuesta, todo lo que puedo hacer es señalar la cruz. ¡Allí está él, el Hijo de Dios, sangrando y muriendo porque tiene cuidado de nosotros! La próxima vez que usted esté en medio de una crisis y tentado a clamar: "Señor, ¿no tienes cuidado?", mire a la cruz. Lo dice todo; ¡es la única respuesta que necesitamos!

Una vez que sabemos que Dios tiene cuidado, necesitamos la seguridad de que está con nosotros.

Creo en verdad que podemos vencer cualquier adversario, soportar cualquier penuria, si sólo entendemos que no estamos solos. Elaine St. John encontró paz en el tiempo de tribulación porque aquella tranquila y pequeña voz le aseguró: ". . .he aquí yo estoy con vosotros todos los días" (Mateo 28:20). Cientos de años atrás, el Salmista había tenido una experiencia similar, y escribió: "Aunque ande en valle de sombra de muerte, no temeré mal alguno, porque tú estarás conmigo; tu vara y tu cayado me infundirán aliento" (Salmo 23:4).

La clave es la presencia de Dios: ". . .no temeré mal alguno, porque tú estarás conmigo. . ."

Cuando era un niño de apenas siete u ocho años, me desperté en mitad de la noche y pensé que veía un hombre que estaba inspeccionando mi clóset. El temor me dejó inmóvil, me paralizó, y me quedé quieto tratando de no respirar. Por treinta segundos, un minuto, tal vez más, no pude hacer nada. Por último, pude dar un horripilante grito, y mi padre irrumpió al momento en mi habitación. Por supuesto, el intruso se desvaneció, y papá logró calmar mis temores y hacerme dormir otra vez.

Después de un rato volví a despertarme, y el intruso estaba allí de nuevo. Esta vez estaba parado directamente sobre mí. Traté de gritar, pero no pude emitir ningún sonido debido a que mi

garganta se paralizó por el temor. Me quedé allí, más aterroriza-
do que nunca. Con una arremetida repentina, me incorporé en
la cama y grité tan fuerte que podía haber despertado a un
muerto. Una vez más papá vino corriendo para rescatarme. Otra
vez desapareció el intruso.

Ahora que soy adulto estoy convencido de que aquel intruso
era tan sólo un invento de mi imaginación demasiado activa,
pero usted no me hubiera podido convencer de eso en aquel
entonces. En realidad, después de la segunda experiencia, no
quería que me consolaran. Las exhortaciones de mi padre cayeron en oídos sordos. Por último, en un recurso desesperado,
papá mandó a mi hermano menor a dormir con mamá y se
acurrucó en la cama a mi lado. Cuando lo hizo, el temor desapareció.

Esta es todavía la respuesta a los temores de la vida, sean
grandes o pequeños. Tiempo atrás solíamos cantar: "Todas las
promesas del Señor Jesús son apoyo poderoso de mi fe." Hoy es
tan cierto como lo era antes, y no hay nada más precioso que la
promesa de la presencia de Dios.

Hay ocasiones en que la presencia de nuestro Padre es tan real
que no necesitamos otra cosa, ni gente especial, ni lugares
especiales. Pero aquellas experiencias son la excepción y, por
lo general, Dios manifiesta su presencia por medio de su pueblo.

Tal vez Alexander Irvine lo expresó mejor en su novela, *My
Lady of the Chimney Corner* (Mi señora del rincón de la chime-
nea). En este libro, Irvine hace que la señora vaya a consolar a
una vecina cuyo hijo ha muerto:

> En forma tan suave como cae una hoja otoñal, ella
> tendió su mano sobre la cabeza de Elisa: "Ah, mujer,
> Dios no es un libro escrito para ser llevado de un lado
> a otro por un hombre vestido en ropas finas, ni una
> cruz que cuelga de la cadena del reloj de un sacerdote.
> Toda vez que la encuentra dispuesta, Dios toma una
> mano y hace con ella lo que desea. A veces toma la
> mano de un pastor y la coloca sobre la cabeza de un
> niño para bendecirlo, otra vez, la mano de un médico
> que alivia el dolor, o la mano de una madre que guía a

su hijo, y otras, la mano de una pobre vieja como yo para llevar consuelo a su vecina. Son todas manos tocadas por su Espíritu, y su Espíritu está en cualquier lugar buscando manos que se dejen utilizar."[1]

Por último, debemos estar seguros de que Dios no permitirá que nuestro sufrimiento sea inútil.

De alguna forma estamos convencidos de que podemos soportar cualquier cosa con tal que sepamos que servirá para algo. Esta es una de las razones por las que los deudos cristianos con frecuencia piden al pastor que predique un "mensaje evangelístico" en el funeral. De ese modo, la pérdida que sufren es más soportable, porque sienten que por medio de ella se puede adelantar el reino de Dios. Es lamentable que esta "necesidad" lleve algunas veces al que está de duelo a exagerar las explicaciones y aun a hacer gestos extravagantes. No debería hacerlo, pero a menudo lo hace.

En Romanos 8:28, el Apóstol Pablo escribe: "Y sabemos que a los que aman a Dios, todas las cosas les ayudan a bien, esto es, a los que conforme a su propósito son llamados." En realidad, esto es todo lo que necesitamos saber. No cómo es que cada cosa en particular obra para bien, sino que en verdad ¡sucede así! Ni siquiera necesitamos especular sobre las formas, sino consolarnos en la realidad de que Dios está redimiendo esa situación o experiencia, ¡haciéndola obrar para nuestro bien eterno!

Hace muchos años, escuché una historia que hizo que esta verdad cobrara vida para mí. Una historia que es a la vez verdadera y trágica, referida a un pastor cuyo hijo se había suicidado. Diez días después del hecho, el pastor subió al púlpito y anunció su texto. Bajo la compulsión producida por esa circunstancia, leyó Romanos 8:28. Su lucha interior se hizo visible cuando dijo:

> No puedo lograr que el suicidio de mi hijo encaje en este pasaje. Me resulta imposible ver cómo puede derivar de esto algo que pueda llamarse bueno, pero

---

1 Alexander Irvine, *My Lady of the Chimney Corner*, citado en *Barefoot Days of the Soul*, por Maxie Dunnam (Waco: Word Books Publisher), pp. 114, 115.

comprendo, en medio de la ceguera que me produce el dolor, que sólo veo en parte y sólo conozco en parte. El significado final de este versículo está más allá de mí y a pesar de eso me sostiene, me capacita para seguir viviendo aun cuando la vida parece no tener ningún sentido. De alguna forma creo que cuando la vida se haya acabado, cuando Dios haya obrado por completo su voluntad, aun el suicidio de mi hijo será entretejido en el tapiz final de su diseño eterno.

Es como el misterio, como el milagro del astillero. La mayor parte de nuestras embarcaciones transatlánticas están hechas con acero y si se toma cualquier parte individual, sea una plancha de acero fuera del casco o el enorme timón, y la arroja al océano, se hunde. Pero cuando los constructores navales terminan, cuando la última plancha recibe el último remache que la fija en su lugar, cuando la última pieza está asegurada en forma adecuada con sus tornillos, entonces aquel barco de acero macizo flota.

Si tomamos el suicidio de mi hijo en forma aislada, no tiene sentido. Si lo arrojamos al océano de Romanos 8:28, se hundirá. Pero yo creo que cuando la construcción naval eterna se termine, cuando Dios haya llevado a cabo su diseño perfecto, ¡aun esta tragedia sin sentido, de alguna forma obrará para nuestro bien eterno!

No estoy sugiriendo, ni siquiera por un momento, que Dios provoca o desea las tragedias caprichosas que se nos cruzan en el camino. Es probable que las permita, pero es más seguro que las redime, las usa para nuestro provecho eterno. "Muchas son las aflicciones del justo, pero de todas ellas le librará Jehová" (Salmo 34:19). Las mismas cosas que el enemigo planeó para destruirnos, Dios las redime y las usa como instrumentos para adelantar sus propósitos eternos en nuestras vidas y en el reino. Es importante en grado sumo que creamos esto y que le entreguemos a Dios nuestra vida y nuestras circunstancias; de otra manera nos expondremos a una vida amarga y dolorosa.

Arthur Gordon escribe en *A Touch of Wonder* (Un toque de lo sorprendente):

> Hace unos pocos años a unos amigos nuestros les dieron la desgarradora noticia de que su hijo adolescente se estaba quedando ciego, y que no se podía hacer nada.
>
> Todos quedaron quebrantados de compasión por ellos, pero ellos se mantuvieron en calma e impasibles. Una noche, al irnos de su casa, traté de expresarles mi admiración por su fortaleza.
>
> Recuerdo cómo el padre del muchacho miró las estrellas arriba.
>
> —Bien —dijo—, a mi me parece que tenemos tres opciones. Podemos maldecir a la vida por hacernos esto, y buscar alguna forma de expresar nuestra angustia y enojo. O podemos apretar los dientes y soportarlo. O podemos aceptarlo. La primera opción es inútil. La segunda es estéril y agotadora. La tercera es el único camino.[1]

Resignación. Eso es el tema que estoy tratando. No se trata de darse por vencido, diciendo: "Lo que será, será." Es más bien la resignación que continúa creyendo en un milagro, a la vez que acepta la realidad de la dificultad presente. La resignación no exige un desenlace predeterminado, sino que deja la naturaleza del milagro a la sabiduría de Dios. Puede venir en forma de una intervención divina en las circunstancias de la vida. O puede llegar como un milagro en nuestro espíritu, capacitándonos para experimentar la paz y la plenitud aun viviendo en los aprietos más desesperados.

La resignación significa que dejamos de luchar contra Dios, que dejamos de culparlo por las penurias de la vida. En realidad, puede significar que llegamos al punto de perdonarlo por lo que nos ha sucedido.

Sé que desde el punto de vista teológico esto parece una locura. ¿Quiénes somos nosotros para perdonar a Dios? ¿Quiénes somos nosotros para presumir que Dios necesita ser perdonado?

---

1 Arthur Gordon, *A Touch of Wonder* (Old Tappan: Fleming H. Revell Company, 1984), p. 89.

Pero permítame que se lo explique. No perdonamos a Dios porque haya hecho algo equivocado, porque él no se equivoca. Más bien, lo perdonamos en el sentido de que antes lo habíamos culpado, haciéndolo el responsable, y nuestros sentimientos nos habían alienado de él. Cuando lo "perdonamos", hacemos que esos sentimientos se desvanezcan, lo mismo que todo el dolor y el enojo, toda la amargura y la desconfianza. Significa que dejamos de trabajar en contra de sus propósitos en nuestra vida. En lugar de eso, nos rendimos a él, trabajamos con él. Y, como resultado, experimentamos su paz sobrenatural.

Con frecuencia nos enojamos con Dios porque las cosas no resultaron como esperábamos. Como consecuencia, no sólo nos vemos batallando contra las vicisitudes de la vida, sino contra la vida misma; tenemos propósitos opuestos a los de Dios.

No sé de qué forma nos hemos hecho a la idea equivocada de que porque somos cristianos tenemos el derecho de tener una vida libre de problemas y dolores. Nada podría estar más alejado de la verdad. Jesús les dijo a sus discípulos: "En el mundo tendréis aflicción; pero confiad, yo he vencido al mundo" (Juan 16:33).

Una vez que comprendemos esta verdad y aclaramos nuestras expectativas, entonces la resignación y la paz que ésta produce se presentarán con toda naturalidad. O como Annie Johnson Flint lo expresó:

> Dios no nos prometió
> a lo largo de nuestra vida
> un cielo sin nubes,
> ni senderos salpicados de flores.
> No nos prometió
> un sol sin lluvia,
> ni gozo sin tristeza,
> ni paz sin dolor.
> Pero Dios nos prometió
> fuerzas para el día,
> descanso para el trabajo,
> luz para el camino,

> gracia para las pruebas,
>   ayuda de lo alto,
> compasión inagotable,
>   y un amor que nunca morirá.[1]

Esta es la verdadera fortaleza del cristianismo. No nos inmuniza a las dificultades de la vida, sino que nos da recursos para tratar con ellas de manera que sean redimidas para bien. Nos capacita para amar aun en las situaciones de mayor hostilidad, para encontrar gozo donde otros sólo encuentran sinsabor, y para experimentar paz aun en tiempos de aflicción

---

1 Annie Johnson Flint, "What God Hath Promised", citado en *Dawnings: Finding God's Light in the Darkness*, ed. por Phyllis Hobe (Waco: Word Books Publisher, 1981), p 40.

Capítulo 8

La gloria de la vida

El gozo tiene múltiples haces radiantes:
un llamado telefónico de un viejo amigo,
un buen libro,
una segunda taza de café,
un fuego ardiente en una noche de invierno;
las pequeñas satisfacciones de la vida,
los colores otoñales,
la primera nieve del invierno,
el ruido de la lluvia sobre un techo de zinc,
el olor penetrante de un sucio establo,
que revive los recuerdos de la niñez,
cuando jugábamos a las escondidas y en el henal.
   El gozo tiene múltiples haces radiantes.
Se nutre de momentos especiales
como nacimientos y bautismos,
cosas que sólo pasan una vez.
Al cumplir los quince años, al llegar a los veintiuno,
conseguir el primer trabajo, tener un auto propio,
ver por primera vez el Gran Cañón del Colorado,
publicar su primer libro.
Proviene de momentos excepcionales y tiernos,
casarse y hacer el amor,
dar a luz, llegar a ser abuelo,
envejecer junto a la persona a quien ama.
   El gozo tiene múltiples haces radiantes.
Es el torrente de emociones
que siente una madre cuando da a luz.
El placer agridulce
de ver crecer a su hijo
y verlo comenzar a ir a la escuela.
La emoción de la primera cita de su hija,
el momento tiernamente intenso en que usted
se da cuenta de que ella está enamorada de verdad,

y que un día no muy lejano pertenecerá a otro,
dará a luz a sus propios hijos,
y será una madre.
   El gozo tiene múltiples haces radiantes:
una mezcla extraña y maravillosa
  de amor y de risas,
    de dolor y de tristeza,
      de vida y de muerte.
  Es el consuelo de los amigos
cuando está parado junto a la tumba abierta
de aquel a quien amó y con quien vivió
  toda la vida.
Es la fuerza de las Escrituras
  en la hora oscura de la necesidad indecible.
Es el recuerdo de la fidelidad de Dios,
  la promesa de su presencia.
El gozo tiene múltiples haces radiantes.

Capítulo 8

La gloria de la vida

Los descubrimientos arqueológicos recientes sacaron a la luz cartas escritas por mártires de los primeros tres siglos de nuestra era cristiana. Poco antes de morir, un santo escribió lo siguiente:

> En una cueva oscura encontré la alegría; en un lugar de amargura y muerte hallé el descanso. Aprendí a reír por lo mismo que otros lloran. En lo que otros temen, obtuve fortaleza. ¡Quién habría pensado que en una situación miserable hubiera podido disfrutar de tanta satisfacción; que en un rincón solitario habría gozado la más gloriosa compañía, y en las más duras cadenas el más perfecto reposo. Es Jesús quien me concedió todo eso. Está conmigo, me fortalece y me llena de su gozo. Quita de mí la amargura y me llena con su fortaleza y consolación.[1]

No puedo evitar el deseo de poner en contraste a aquel cristiano primitivo, y el testimonio que ha dejado, con la mayoría de los cristianos contemporáneos. El fue una víctima de la persecución religiosa, un prisionero que enfrentó la muerte por causa de su fe. Los cristianos de hoy, por lo menos en los Estados Unidos, disfrutamos de libertad religiosa. La única persecución que tal vez sufrimos es una burla superficial.

---

1 Charles Hembree, *Pocket of Pebbles* (Grand Rapids: Baker Book House, 1969), p. 33.

La morada de este hombre era una celda húmeda, una "cueva oscura", para utilizar sus palabras, mientras que la mayoría de nosotros vive en cómodas casas. Sus compañeros eran, en su mayoría, un grupo variado de criminales endurecidos, incorregibles y amargados, debido a la suerte que les tocó en la vida. Nosotros, por nuestra parte, vivimos y trabajamos con los de nuestra misma condición. Tenemos una infraestructura espiritual y social, y un sistema de apoyo que nos provee compañerismo y ánimo.

El encontró gozo en medio de su miserable situación. A nosotros, que estamos rodeados de comodidades, con frecuencia el gozo nos esquiva.

Por favor, no me juzgue mal; no estoy sugiriendo que él "sentía un gran placer" por causa de sus penurias. Ni tampoco que nosotros carecemos de satisfacción porque estamos llenos de comodidades materiales. La cosa no es tan simple. En realidad parece haber poca o ninguna relación entre las circunstancias de una persona y el verdadero gozo.

El destacado predicador Harold Bosley contó una historia traída de los días de la Gran Depresión de la década de 1930. Un grupo de oradores, incluyendo a Clarence Darrow, el distinguido abogado y declarado ateo, disertaba en una reunión de personas del Sur de Chicago, en su mayoría negros. Las condiciones económicas no podían ser peores: el dinero y las oportunidades de trabajo escaseaban y Darrow utilizó ese hecho para llamar la atención a la difícil situación de la gente negra. Hizo una reseña de las angustias que sufrían y concluyo preguntándoles: "¿Y a pesar de eso ustedes pueden cantar? ¡No hay quienes canten tan bien como ustedes! ¿Qué es lo que da razón de ser a su canción?" De un salto una mujer de la congregación gritó: "¡Jesucristo es la razón de nuestra canción!" Y su respuesta fue seguida por muchos que dijeron "amén" y "sí" y "así es".

Al contrario de lo que era habitual con él, Darrow se quedó sin habla. No pudo elaborar ninguna respues-

ta, pues había sido enfrentado cara a cara con aquello
que no se puede racionalizar, y acerca de lo cual
apenas se encuentran palabras humanas para hablar:
la incontestable evidencia de gente que puede cantar
en medio de las lágrimas y por encima de sus temores,
porque caminan con aquel que los fortalece para hacer
todas las cosas.[1]

No hay duda de que esta clase de gozo tiene que ver, en parte,
con estar en una relación correcta con Jesucristo, pero a la vez
significa algo más que haber "nacido de nuevo". Si eso fuera
suficiente, entonces todos los cristianos viviríamos en un constante estado de euforia. Por desgracia no es eso lo que suele
suceder.

Esta alegría es una experiencia que tenemos que aprender.
Por lo menos, fue así en el caso del apóstol Pablo, quien
escribió: ". . .en todo y por todo estoy enseñado, así para estar
saciado como para tener hambre, así para tener abundancia
como para padecer necesidad" (Filipenses 4:12).

Pablo no se refería a una teoría, sino que hablaba de la
experiencia de su vida. En realidad en el momento que escribió
esas palabras, estaba en la prisión romana esperando que lo
ejecutaran por causa de su fe en el Señor Jesucristo. Sin embargo,
no encontramos ninguna insinuación de compasión de sí mismo.

Tampoco era la primera vez que Pablo ponía su vida en
peligro, porque escribe:

> . . .Yo más; en trabajos más abundante; en azotes sin
> número; en cárceles más; en peligros de muerte mu-
> chas veces. De los judíos cinco veces he recibido
> cuarenta azotes menos uno. Tres veces he sido azota-
> do con varas; una vez apedreado; tres veces he pade-
> cido naufragio; una noche y un día he estado como

1 Maxie D. Dunnam, *The Communicator's Commentary, Volume 8: Galatians, Ephesians, Philippians, Colossians, Philemon* (Waco: Word Books Publisher, 1982), pp. 320, 321.

náufrago en alta mar; en caminos muchas veces; en
peligros de ríos, peligros de ladrones, peligros de los
de mi nación, peligros de los gentiles, peligros en la
ciudad, peligros en el desierto, peligros en el mar,
peligros entre falsos hermanos; en trabajo y fatiga, en
muchos desvelos, en hambre y en sed, en muchos
ayunos, en frío y en desnudez; y además de otras cosas,
lo que sobre mí se agolpa cada día, la preocupación
por todas las iglesias.

2 Corintios 11:23-28

Aquí vemos a un hombre que tiene muy pocas o ninguna de
las comodidades que nosotros consideramos necesarias para
estar satisfechos. No tiene hogar, ni esposa ni familia. Sus únicas
posesiones terrenales son una capa y algunos pergaminos. Sus
propios compatriotas lo interpretan mal y lo odian, está separado de sus amigos y tiene una salud frágil, y sin embargo es feliz.
No con la alegría superficial que se confunde a menudo con la
felicidad, no esa imitación barata que aparece como un sol que
siempre brilla en medio de las risas, sino un gozo real sincero,
en el que se combinan por lo menos una parte de tristeza con
dos partes de gozo, y que llamamos contentamiento.

¿Qué había aprendido Pablo? ¿Cuál era el secreto de su contentamiento?

La respuesta no es tan sencilla como un simple axioma; la vida
es demasiado compleja como para eso. Más bien es una mezcla
de pequeños toques de sabiduría recogidos a lo largo de los años.

En primer lugar Pablo estaba comprometido con una causa
más grande que él mismo. Su vida entera estaba dedicada al
cumplimiento de su divino llamamiento.

En segundo lugar tenía el corazón de un siervo. No preguntaba
qué podía hacer la gente por él, sino que podría hacer él por la
gente.

En tercer lugar, había aprendido el valor de estar relacionado
con los demás. Amaba a la gente más que a las cosas.

En cuarto lugar, había aprendido a ser agradecido. Tenía un

profundo aprecio por la vida. En vez de lamentarse por lo que había perdido, daba gracias por lo que tenía.

Por último, había dominado el arte sagrado de disfrutar de las cosas comunes. Como resultado, experimentaba contentamiento en todas y cualesquiera de las circunstancias.

Ahora consideremos estos "secretos" uno por uno.

Pablo experimentó un gozo que tenía consistencia, un contentamiento profundamente arraigado, porque se había comprometido con una causa más grande que él mismo.

Desde aquel momento en el camino a Damasco, en que fue confrontado por el Cristo resucitado, hasta el día que en las afueras de Roma dejó su cabeza en el tajo del verdugo, Pablo fue consumido por un celo santo. Vivió para llevar el evangelio a los gentiles, para hablar de las gloriosas noticias del amor de Dios que se manifestó en Jesucristo, a todos aquellos que nunca habían oído. Ninguna otra cosa era para él tan importante como eso. Todo otro interés palidecía a la luz de esta santa obsesión. Ningún peligro era demasiado grande, ningún sacrificio demasiado costoso, ninguna aflicción demasiado severa, y ninguna distancia demasiado larga.

". . .el vivir es Cristo —exclama expresando la pasión consumidora de su vida—, y el morir es ganancia" (Filipenses 1:21).

Este secreto no era algo exclusivo de Pablo. Si queremos que nuestra vida llegue a ser significativa y satisfactoria, debemos tener una razón para vivir, algo en lo cual creer hasta el punto de morir por ello. El destacado sicólogo William James decía con frecuencia: "Las únicas personas verdaderamente felices que conozco son aquellas que han encontrado una causa por la cual vivir, y que es una causa mayor que ellos mismos."

De acuerdo con ese pensamiento, las personas menos felices que conozco son las que no tienen ninguna razón para vivir que sea mejor que el mero logro del placer personal o la aspiración de sentirse realizadas. Las Escrituras nos dan un ejemplo clásico de un hombre atrapado en esta misma futilidad. Es un caso familiar aun para el estudiante más elemental de la Biblia. Su nombre es Salomón, un hombre que lo tenía todo: riqueza, sabiduría, reconocimiento mundial y, a la vez, una lasitud creciente. Escuche como lamentaba el vacío de la vida: "Miré todas las obras que se hacen debajo del sol; y he aquí, todo ello es vanidad y aflicción de espíritu" (Eclesiastés 1:14).

Al describir su desenfrenada búsqueda de placer confiesa: "No negué a mis ojos ninguna cosa que desearan. . . y he aquí todo era vanidad" (Eclesiastés 2:10,11).

Si Salomón hubiera sido uno más de los muchos hombres ricos que viven en el vicioso placer humano, nos resultaría más fácil comprender su vacío, pero él no era así. Era el jefe del estado, el rey de Israel, un hombre ambicioso que literalmente transformó aquellas doce tribus nómadas en una potencia mundial. Sus programas nacionales llevaron a Israel a ser envidia de todos sus vecinos. Emprendió grandes proyectos y acumuló enormes riquezas, y sin embargo no experimentó la satisfacción de sentirse realizado:

> . . .edifiqué para mí casas, planté para mí viñas; me hice huertos y jardines, y planté en ellos árboles de todo fruto. Me hice estanques de aguas, para regar de ellos el bosque donde crecían los árboles. . . Me amontoné también plata y oro, y tesoros preciados de reyes y de provincias; me hice de cantores y cantoras, de los deleites de los hijos de los hombres. . . Miré yo luego todas las obras que habían hecho mis manos, y el trabajo que tomé para hacerlas; y he aquí, todo era vanidad y aflicción de espíritu, sin provecho debajo del sol (Eclesiastés 2:4-6,8,11).

¡Que contraste vemos en Salomón con el anciano apóstol, encorvado y evidenciando las cicatrices de la lucha, viviendo el resto de sus días en una prisión romana, destinado a morir a manos de un verdugo, y sin embargo regocijándose en el gozo del Señor! "En gran manera me gocé en el Señor. . . pues he aprendido a contentarme, cualquiera que sea mi situación. . . en todo y por todo estoy enseñado, así para estar saciado como para tener hambre, así para tener abundancia como para padecer necesidad" (Filipenses 4:10-12).

Por el otro lado, consideremos a Salomón, un rey anciano, resplandeciente de atavíos de riqueza y poder, mundialmente conocido por su sabiduría y logros, reconocido como el hombre más poderoso de la tierra y, sin embargo, infeliz hasta el extremo. En su frustración escribe: "Aborrecí, por tanto, la vida, porque la obra que se hace debajo del sol me era fastidiosa; por cuanto todo es vanidad y aflicción de espíritu" (Eclesiastés 2:17).

Pablo encontró el provecho y el contentamiento bajo las circunstancias más adversas, porque tenía una razón para vivir, una causa más grande que él mismo. La vida de Salomón era vacía y sin sentido, a pesar de todos sus logros, porque vivió sólo para sí, no tuvo una meta mayor que su propia satisfacción.

Si usted no se siente contento, si no tiene satisfacción, permítame recomendarle que examine sus motivaciones. ¿Está viviendo sólo para usted mismo? ¿Hay algo por lo que moriría voluntariamente? Ese es el secreto, ¿no lo cree? Encontrar algo (o alguien) por quien usted daría con gusto su vida.

Victor Frankl, un siquiatra austríaco que desarrolló la aplicación de la logoterapia a la consejería, pasó tres años en los campos de concentración nazis durante la segunda guerra mundial. En aquellos campos de muerte, millones de judíos fueron "exterminados" por los nazis. Otros miles fueron objeto de horribles experimentos "médicos" y todos los prisioneros vivieron en condiciones de privación inimaginables. Bajo estas circunstancias brutales e inhumanas, la muerte era considerada un escape grato, y muchos reclusos la eligieron. Perdieron el deseo de vivir y murieron. En realidad, con la excepción de una hermana, toda la familia cercana de Frankl, padres, hermanos, esposa e hijos, perecieron durante la guerra.

Frankl sobrevivió, y ayudó a sobrevivir a otros, por darse cuenta "...de que en realidad no importaba lo que esperábamos de la vida, sino más bien, lo que la vida esperaba de nosotros.[1] Su conclusión fue que la vida esperaba que él sirviera a sus compañeros de prisión proveyéndoles de un sistema de salud clandestino, incluso la salud mental.

Por ejemplo, ayudó a evitar dos intentos de suicidio pregun-

---

1 Victor Frankl, *Man's Search for Meaning* (New York: Pocket Books, 1963), p 122.

tándoles a esos hombres qué era lo que la vida esperaba de ellos. Entonces uno eligió vivir por su hijo, y el otro para completar su tarea, una serie de libros científicos. Frankl notó, por lo tanto que el amor humano y el trabajo creativo pueden darle un significado a la vida.[1]

Si el comprometerse con algo que no era el propio yo pudo dar significado a la vida, una razón para seguir viviendo, en circunstancias tan adversas como las de los campos de concentración, entonces, con seguridad, es evidente que también será así con nosotros. O, como lo expresó un escritor anónimo:

> La gloria de la vida es amar,
> no ser amado.
> Es dar, no recibir,
> es servir, no ser servido;
> es ser para otro una mano fuerte
> en medio de la oscuridad,
> en tiempos de necesidad,
> es ser una copa de fortaleza para cualquier alma
> que esté en una crisis de debilidad. Esto es conocer la
> gloria de la vida.[2]

Creo que esto resume el segundo requisito previo para el contentamiento: un compromiso de "servir, en vez de ser servido". Jesús enseñó este principio con palabras y con hechos:

> [Jesús] se levantó de la cena, y se quitó su manto, y tomando una toalla, se la ciñó. Luego puso agua en un lebrillo, y comenzó a lavar los pies de los discípulos, y a enjugarlos con la toalla. . .
>
> Así que, después que les hubo lavado los pies, tomó su manto, volvió a la mesa, y les dijo: ¿Sabéis lo que os he hecho? Vosotros me llamáis Maestro, y Señor; y decís bien, porque lo soy. Pues si yo, el Señor y el

1 Paul R. Welter, Ed.D., *Counseling and the Search for Meaning* (Waco: Word Books Publisher, 1987), p. 53.

2 "True Glory", anónimo, citado en *Dawnings: Finding God's Light in the Darkness*, ed. por Phyllis Hobe (New York: Guideposts Associates, Inc., 1981), p. 202.

Maestro he lavado vuestros pies, vosotros también debéis lavaros los pies los unos a los otros. Porque ejemplo os he dado, para que como yo os he hecho, vosotros también hagáis. De cierto, de cierto os digo: El siervo no es mayor que su señor, ni el enviado es mayor que el que le envió. Si sabéis estas cosas, bienaventurados seréis si las hiciereis."

Juan 13:4-5,12-17

Este es un principio que aprendí a comienzos de mi ministerio, cuando todavía estaba en mi primer pastorado. Se trataba de una congregación difícil, pequeña y flagelada por los celos despreciables. Después de servir a la iglesia por un año las cosas llegaron al punto de ebullición.

Con desesperación clamé al Señor y, en el transcurso de dos o tres semanas, llegué a convencerme de que él me guiaba a recurrir a la anticuada práctica de lavar los pies. Esta posibilidad tenía poco sentido para mí, pero la situación era desesperante y mis impulsos internos para llevarla a cabo se fortalecían día a día, por lo cual decidí hacerlo.

El domingo siguiente, por la mañana, anuncié que el culto por la noche sería "sólo para hombres". De inmediato hubo algunas murmuraciones inquietantes y cuando llegué a la casa pastoral, que estaba al lado de la iglesia, sonó el teléfono. Era el hermano Hoover, un anciano de ochenta y cuatro años, antiguo miembro de la iglesia. Me informó que su esposa había asistido con él a la iglesia por más de sesenta años y que, si a ella no se le permitía asistir al culto, entonces él tampoco asistiría.

Colgó el teléfono sin siquiera darme la oportunidad de responderle. Yo estaba angustiado. Los Hoover eran unas de las pocas familias en la iglesia que no me presentaban oposición y, ahora, ¡yo los había ofendido!

Era demasiado tarde para cambiar de opinión; por lo tanto, a pesar de mis temores, continué con el culto como lo había planeado. Aquella noche asistieron nueve hombres, que se sentaron en sillas plegables de metal, mirándose el uno al otro. Estaban en silencio, echando una mirada ocasional hacia la mesa de la comunión frente a la cual yo me encontraba. Por fin comencé la reunión diciéndoles que se quitaran los zapatos y calcetines. Se miraron unos a otros como diciendo: "Este jovenzuelo (por entonces apenas tenía veintiún años) se ha vuelto loco." Sin embargo, hicieron lo que les pedí y en cuestión de minutos teníamos dos filas de hombres descalzos mirándose unos a otros.

Mientras se quitaban los zapatos y calcetines, yo me quité el saco, y me arremangué la camisa. Después, tomando una palangana con agua y una toalla, me di vuelta y los miré.

—Algunos de ustedes sienten que he tenido predilectos, que no he ministrado a sus familias como debía. Tal vez tengan alguna justificación para sentirse así. Pero quiero que sepan que en cualquier circunstancia en que los ofendí, lo hice con ignorancia, por falta de experiencia, nunca con malicia. Como una demostración de mi deseo sincero de servirles en cualquier forma, grande o pequeña, voy a lavarles los pies.

Otra vez hubo un murmullo inquietante, pero no le hice caso, y me arrodillé frente al hombre que estaba más cerca. Antes de lavarle los pies, me disculpé por cualquier agravio que le hubiera hecho y le pedí perdón. Luego lavé sus pies como una demostración de mi deseo de servirle a él y a su familia en el nombre de Jesucristo. Repetí ese acto ocho veces, hasta que me disculpé específicamente con cada uno de los hombres que estaban presentes y les lavé los pies a cada uno.

Durante ese simple ritual, sucedió algo casi milagroso en sus corazones y en el mío. Por el hecho de haber tomado una toalla y una palangana con agua, por haberme arrodillado, por lavar sus pies y disculparme, aquellos hombres habían quedado desarmados. Había desactivado la bomba de tiempo de su enojo. cuando me hice vulnerable a mí mismo, cuando me puse en sus manos, necesitado de su misericordia, apelé a todo el amor y la bondad de sus corazones. El dictador espiritual que hacía demandas y daba instrucciones había desaparecido, y en su lugar había a un servidor que no los amenazaba.

Y aquella experiencia también me cambió a mí en forma radical, desde adentro hacia afuera. Hasta ese culto, siempre había pensado que los ministros, en especial los evangelistas, eran "celebridades santificadas". Eramos las estrellas, los actores, y la iglesia existía para beneficio nuestro.

No estoy seguro de qué fuente tomé esa idea errónea (esto fue antes de la época de los teleevangelistas, de modo que no puedo culparlos por mi mal concepto sobre su estado de celebridad). Sin embargo, yo tenía esa idea falsa en mi mente. Con ese tipo de actitud, no podía evitar percibir cada desaire, por insignificante que fuera. Como resultado me sentía desdichado todo el tiempo. Sentía que no me apreciaban, que mis necesidades no eran satisfechas.

¿Cuál fue la respuesta de Dios hacia mi actitud de que otros me sirvieran a mí? Una palangana de agua y una toalla. ". . .si yo, el Señor y el Maestro, he lavado vuestros pies, vosotros también debéis lavaros los pies los unos a los otros. . . si sabéis estas cosas bienaventurados seréis si las hiciereis."

Por supuesto, él no estaba hablando sólo del acto de lavar los pies. Hablaba de una actitud, de un estilo de vida, de un deseo de darse uno mismo en un servicio de amor hacia otros, en todas las formas, aun en la forma más común, en especial si se puede hacer sin llamar la atención. ". . .y tu Padre que ve en lo secreto te recompensará en público" (Mateo 6:18). Podría agregar que la primera forma en que él nos recompensa, es ¡con una renovación, un contentamiento, un gozo interior!

Ann Kiemel Anderson escribe esto:

algo. . .que me ayudó cuando tenía depresión, fue poder extenderme más allá de mi sufrimiento y llegar al de otra persona. recuerdo un día en que me sentía tan deprimida que apenas podía darme vuelta en la cama. no me quedaban fuerzas para nada. de alguna manera, lo único que deseaba era permanecer bajo las mantas y morir así.

con un impulso apremiante, me levanté de la cama. juntando todas las fuerzas que me quedaban, me puse la ropa y salí. me detuve en un mercado y compré dos bolsas llenas para un anciano y solitario viudo. le canté, conversé con él, y le dejé los alimentos en la mesa de la cocina. después me acordé de otras dos personas. uno era un muchacho adolescente que estaba socialmente incapacitado. llevé conmigo dos bebidas refrescantes y me senté con él en los escalones del frente y dejé que me contara sus problemas.

cuando regresé a casa ya era de noche. no había cambiado nada en mi vida. seguía teniendo los mismos problemas. pero era yo quien había cambiado; me sentía aliviada en mi corazón. la terrible opresión de la oscuridad había desaparecido. veía un rayo de esperanza que estaba surcando el cielo. surgió en mí una fuerza nueva.

así de egoísta y paralizante puede llegar a ser la depresión. si usted entrega su vida a otros, una y otra vez, las situaciones negras y oscuras se tornarán luminosas. pero si se niega, en forma obstinada, a ayudar a resolver las necesidades de otros, quedará encerrado en un túnel de desconfianza en sí mismo y codicia.[1]

El antídoto que encontró Ann para la depresión fue servir a los demás. Al poner la atención en las necesidades de otros, se olvidó de las propias. Pruébelo y estoy seguro de que quedará gratamente sorprendido. Busque el gozo y nunca lo encontrará. Déselo a otros, y el gozo lo encontrará a usted. ¡Es una ley que siempre se cumple!

El tercer secreto que Pablo aprendió sobre el contentamiento, en cualesquiera y en todas las circunstancias, fue apreciar el valor de la amistad. No podemos leer las epístolas de Pablo sin sentir, a la vez, su profundo compromiso con sus amigos y colaboradores, y el de ellos con él. Con frecuencia lo acompañaron en sus viajes en medio de dificultades y peligros, y hasta arriesgaron sus propias vidas, cosa que él nunca olvidó.

---

1 Ann Kiemel Anderson y Jan Kiemel Ream, *Struggling for Wholeness* (Nashville: Oliver-Nelson Books, 1986), p. 99.

Para demostrarlo, podemos considerar la carta que escribió a sus amigos en la iglesia de Corinto:

> . . .ya he dicho antes que estáis en nuestro corazón, para morir y para vivir juntamente. Mucha franqueza tengo con vosotros; mucho me glorío con respecto de vosotros; lleno estoy de consolación; sobreabundo de gozo en todas nuestras tribulaciones. Porque de cierto, cuando vinimos a Macedonia, ningún reposo tuvo vuestro cuerpo, sino que en todo fuimos atribulados; de fuera, conflictos; de dentro, temores. Pero Dios, que consuela a los humildes, nos consoló con la venida de Tito; y no sólo con su venida sino también con la consolación con que él había sido consolado en cuanto a vosotros, haciéndonos saber vuestro gran afecto, vuestro llanto, vuestra solicitud por mí, de manera que me regocijé aun más.
>
> 2 Corintios 7:3-7

Hace varios años, más de quince, estaba atravesando un tiempo difícil en mi vida. En parte era por mi culpa, aunque en ese momento no lo veía así. Simplemente me sentía traicionado, herido por la iglesia a la que había elegido servir, rechazado y malentendido por mis colegas. Era una situación complicada y no tenía sentido ahora ahondar en sus dolorosos detalles. Basta decir que, si no fuera por algunos amigos especiales, dos de ellos en particular, es probable que hoy no estuviera en el ministerio.

El primero es Darrel Madsen, en la actualidad superintendente de Distrito, pero en aquel entonces un pastor. Después de un doloroso malentendido, me encontré de pronto sin un lugar para ministrar, y me preguntaba si habría un lugar para mí en la iglesia organizada. Me sentía lastimado, enojado, tal vez hasta un poco amargado, y en verdad no estaba en condiciones de ministrar con eficiencia. Sin embargo, el pastor Madsen me invitó a unirme a su equipo como una especie de adjunto asociado. Tenía tal necesidad de sentirme útil y apreciado, que acepté sin demora.

Pasé junto a él algunas semanas que tuvieron para mí un efecto sanador. Confieso que de no haber sido por su obstinado amor, no sé que hubiera sucedido con mi ministerio. A lo largo de los años, él y su esposa Barbara me han afirmado una y otra vez. Cuando se publicó mi primer libro me invitó a predicar en su iglesia que, dicho sea de paso, era muy grande e importante, y promovió una recepción en mi honor. Antes de que ningún otro me reconociera como un orador de retiros espirituales, me invitó a dirigir el retiro anual de su iglesia y les recomendó a otros mi ministerio. Creyó en mí y me ayudó a creer en mí mismo. Creo que eso lo explica todo.

Después de estar un breve tiempo en su equipo, siguió un período en el que parecía que todo era satisfactorio, pero luego las invitaciones a ministrar desaparecieron. En mi desesperación recurrí a trabajos extras para satisfacer, al menos en alguna medida, las necesidades de mi esposa e hija. Apilé heno en Colorado, trabajé como cargador en el Puerto de Houston, conduje un camión de cereales durante la cosecha, y por último, terminé protagonizando un papel secundario en una película filmada en Buckskin Joe, justo en las afueras de la Ciudad Canon, en Colorado. Fue una existencia miserable, y una vez más tuve la tentación de darle las espaldas al ministerio, y también a Dios.

Durante varias semanas sufrí una depresión que se acentuaba cada vez más. La disimulé bastante bien, pero en mi interior sentía como si me estuviera muriendo. Amaba a Dios, pero me parecía imposible poder confiar en él. Amaba el ministerio, pero no veía que hubiera en él algún lugar para mí. Me sentí como traicionado, y a la vez era consciente de la desobediencia que había en mi corazón.

El conflicto me debilitaba cada vez más, hasta que por fin tuve que rendirme. Una vez más recurrí a unos amigos especiales. Esta vez se trató de Bob y Diana.

Cuando pensé en ellos, estaba casi abrumado. Eran los dos primeros convertidos de nuestro ministerio en Holly, Colorado. En varias ocasiones Bob había llamado para decir: "Diana acaba de cocinar una hogaza de pan y tenemos una botella de jugo de uva. ¿Por qué no vienen con Brenda y tomamos juntos la comunión?" De pronto, tuve el deseo de hacerlo como nunca antes. Quise esa relación especial, con ellos, y con Jesucristo.

Sin pensarlo más tomé una decisión. Iría a buscarlos y, en la cobertura que me brindaría su amor, volvería a presentar mi vida al Señor. Sin decir nada a nadie, salí de la escena de la película en la que estaba trabajando. Fui a la Ciudad Canon, recogí a Brenda y a nuestra hija Leah, y nos dirigimos hacia Kansas.

Resultó que Bob y Diana estaban trabajando en una granja en la zona sudoeste del estado. Después de manejar casi todo el día y de hacer una media docena de llamadas telefónicas, por fin los localizamos. Aunque en los últimos años no habían sabido nada de nosotros, se mostraron muy contentos al vernos. Fue como si nunca nos hubiéramos separado.

El sábado compré una botella de jugo de uva y le pregunté a Diana si ella podría cocinar pan. Después de acostar a los niños, nos reunimos alrededor de la mesa de café en su sala, como en los viejos tiempos, sólo que ahora los papeles estaban invertidos. Yo había escuchado muchas veces la confesión de Bob, y ahora él escuchaba la mía. Había llorado y orado muchas veces con los dos, y ahora ellos lloraban y oraban conmigo.

Derramé mi corazón, confesé todo: mi dolor, mi amargura, y aun lo cerca que estuve de perder mi fe. Hubo muchas lágrimas, y mucho amor, y aquella granja llegó a ser un lugar santo, un santuario. Partimos el pan juntos, celebramos la Santa Cena, y este hombre destrozado fue restaurado de nuevo.

Las circunstancias de mi vida no cambiaron de un momento a otro. Todavía no tenía un púlpito donde predicar, ni había encontrado la forma de proveer para mi familia; pero aquellas cosas parecieron intrascendentes, en especial a la luz de ese momento santo que acababa de afectar mi vida. Fui perdonado, estaba entre amigos, había regresado por fin a mi hogar, adonde yo pertenecía. Con Dios, mi familia y mis amigos podría enfrentar cualquier situación.

Esta es la esencia misma de las cosas, ¿verdad?: ¡los amigos especiales! Con ellos podemos estar contentos en medio de cualquier circunstancia de nuestra vida. En tiempo de tristeza, nos consuelan; en tiempo de debilidad, nos fortalecen; y en tiempos de éxitos, festejan con nosotros. Es bien cierto: ¡la amistad multiplica nuestro gozo, y a la vez disminuye nuestras tristezas!

Y no se trata tan sólo de lo que los amigos pueden hacer por nosotros en nuestro tiempo de debilidad, sino también de lo que nosotros podemos hacer por ellos, y eso sucede cuando nuestra vida se amalgama en Cristo, aunque sea por un breve momento.

En una ocasión en que predicaba en Pueblo, Colorado, el pastor y yo fuimos a visitar a una mujer en el pabellón de siquiatría en un hospital local. Hablamos con ella algunos minutos y luego el pastor oró. Cuando terminó de orar, sentí una profunda compasión por ella, me acerqué, tomé su mano y comencé a orar. En lo profundo de mi ser pude sentir que se comenzaba a derrumbar el glaciar de mi soledad personal. Cuando terminé de orar, experimentaba una vivificada sensación de comunicación. Nos quedamos allí mirándonos el uno y al otro, y ambos sabíamos que algo había sucedido. En ese momento me sentí tan unido con la raza humana como nunca antes lo había estado.[1]

El cuarto secreto del contentamiento es un corazón agradecido.

Pablo nos exhorta:

> Regocijaos en el Señor siempre. Otra vez digo: ¡Regocijaos!. . . todo lo que es verdadero, todo lo honesto, todo lo justo, todo lo puro, todo lo amable, todo lo que es de buen nombre; si hay virtud alguna, si algo digno de alabanza, en esto pensad. . . Y la paz de Dios, que sobrepasa todo entendimiento, guardará vuestros corazones y vuestros pensamientos en Cristo Jesús (Filipenses 4:4,8,7).

No importa lo mala que sea nuestra situación, siempre hay algo por lo cual debemos dar gracias. Si nos centramos en eso, más que en nuestra pérdida, descubriremos el gozo aun en medio de las circunstancias más desesperantes.

Maxie Dunnam, escribiendo en *The Communicator's Commentary, Volume 8*, comparte la historia de su querido amigo

---

1 Richard Exley, *The Painted Parable* (New York: Vantage Press, 1978), p. 89.

y copastor, Doyle Masters, que enfermó de cáncer en noviembre de 1978. Después de que el médico le dijo que el cáncer era inoperable, Masters escribió una carta abierta a su congregación en la que ponía su atención en lo que le quedaba, y no en lo que le había sido quitado. El resultado fue que tanto su carta como su vida llegaron a ser una canción de gozo. La cita que sigue se ha tomado de sus escritos:

> Las opciones médicas son mínimas y en el mejor de los casos no incluyen ni una renovación de mis fuerzas ni una vida larga. La otra opción es entregarle esto a Dios con fe en su voluntad sanadora y final. Dios nos ha guiado a hacer esto después de mucha oración y rendición espiritual. No sabemos lo que traerá el futuro, pero sabemos que Dios lo preside. . .
>
> Los últimos días vividos han pasado como un torbellino, dejando a su paso algunas certidumbres básicas que conforman mi lista de agradecimientos. Desde la oscura noche del alma ha surgido la luz del sol del amor de Dios. Estoy agradecido a Dios porque él es real y personal, a Jesucristo, porque está presente con su poder, y al Espíritu Santo, porque está a nuestro lado en la lucha.
>
> Mi gratitud rebosa gracias a una fe que se afirma frente a los obstáculos que parecen imposibles de superar, y por la práctica personal de la oración que hace aplicables las promesas de Dios a cualquier situación que se presente.
>
> Este año, mi lista de agradecimientos está confeccionada no por las cosas que tengo, sino teniendo en cuenta quien me tiene a mí: un Dios que es poderoso para hacer todas las cosas mucho más abundantemente de lo que pido o entiendo.[1]

Esto no es alguna revelación nueva, y sin embargo nunca ceso de asombrarme ante el poder transformador que tiene. En reali-

---

1 Dunnam, p. 321.

dad, en una oportunidad reciente, pude apreciar, lleno de asombro, de qué forma esta verdad obra su milagro silencioso.

Me llamaron a ministrar a una familia de nuestra iglesia cuyo hijo de treinta y dos años había muerto en un accidente automovilístico. Cuando llegué, su madre estaba tan afligida que parecía fuera de sí. Durante casi una hora, o quizás más, no hice otra cosa que escucharla con amor, mientras que ella descargaba en forma alternada, primero su angustia, y luego su enojo.

Por fin, me pareció oportuno decir algo; en efecto, ella demandaba una respuesta, algún tipo de explicación que le diera algún sentido a esa tragedia que de lo contrario parecía inútil. Sabemos que no existe una respuesta de ese tipo, pero pude ayudarla a librarse de toda su aflicción recordándole lo que tenía (treinta y dos años de recuerdos felices), en lugar de recordar lo que había perdido (un hijo amado).

Con la mayor dulzura, la animé a recordar el caudal de emociones que había experimentado cuando el médico le dijo que había dado a luz a un niño sano.

—Recuerde —le exhorté—, la ternura que experimentó cuando lo acunaba, la paz que disfrutó cuando él dormía, la emoción que le produjeron sus primeros pasos. Recuerde también su primer día en la escuela, su graduación, y su casamiento.

No sin esfuerzo, comenzó a tener reminiscencias, y a recordar el amor y las risas que habían compartido, con lo cual el horrible dolor de su angustia cedió paso, en alguna medida al disfrute de ese pasado. Su angustia subsistía, debido a la magnitud de su pérdida, pero había sido templada con los recuerdos de los buenos tiempos que había compartido con su hijo. Y esto es lo importante, porque de lo contrario el dolor y la pérdida demandan nuestra atención de tal forma, que hacen que nuestros pensamientos se concentren sólo en la tragedia, y que de ese modo se profundice la sensación de abandono y temor.

Por un acto de nuestra voluntad, podemos centrar nuestros pensamientos en cosas más elevadas. Cuando lo hacemos, estamos en condiciones de hacer las paces con nuestro dolor.

No estoy hablando de negación sino de perspectiva. Nuestra pérdida es real, como lo es nuestra aflicción, pero también existen los buenos recuerdos, el fulgor del día, y Dios mismo. Cada vez me doy mayor cuenta de que si podemos retroceder y volver a experimentar algo del gozo del pasado, podremos descubrir otra dimensión de la paz, y aun del contentamiento, a pesar de que las circunstancias presentes sean abrumadoras.

Esto nos lleva al "secreto" final del contentamiento: la capacidad para celebrar lo común.

"Una de las cosas más trágicas que conozco acerca de la naturaleza humana —dijo Dale Carnegie— es que todos nosotros tendemos a eludir la vida. Soñamos con alcanzar algún mágico jardín de rosas en el lejano horizonte, en lugar de disfrutar de las rosas que hoy mismo están floreciendo fuera de nuestras ventanas."[1]

Como consecuencia de nuestra "hipermetropía", perdemos la vida. Pasa al lado de nosotros pero nosotros estamos esperando que suceda algo extraordinario o inusual.

O intentamos, a un costo muy elevado, que la felicidad "ocurra", y terminamos como Will Durant, que perdió la felicidad; al menos por un tiempo. El escribió lo que sigue:

Por muchos años perdí la felicidad. La busqué en el conocimiento. y encontré desilusión. La busqué escribiendo, y encontré la fatiga de la carne. La busqué viajando, y mis pies se cansaron en el camino. La busqué en las riquezas, y encontré discordia y aflicción.

Y entonces, un día, en una pequeña estación allá en un boscoso peñasco cerca del mar, vi a una mujer esperando en un pequeño auto, con un niño dormido en sus brazos. Un hombre descendió del tren, caminó rápidamente hacia ella, la abrazó y besó al niño dulcemente, con cuidado, por temor a despertarlo. Fueron juntos a un modesto hogar entre los campos; y me pareció que ellos tenían la felicidad.

Hoy he descuidado mis escritos. La voz de una

---

1 Dale Carnegie, citado en *Dawnings: Finding God's Light in the Darkness*, ed. por Phyllis Hobe (New York: Guideposts Associates, Inc., 1981), p. 196.

pequeña niña que me decía: "Ven y juega conmigo", me sacó de mis papeles y mis libros. ¿No era el propósito final de mi faena el poder estar libre para juguetear con ella y pasar horas de calma con quien me la había dado? Y entonces caminamos y corrimos y reímos juntos, y caímos en el pasto crecido, y nos escondimos entre los árboles; y fui joven otra vez.

Ahora es de noche; mientras escribo, escucho la respiración de la niña mientras duerme en su confortable cama. Y yo sé que encontré lo que buscaba. Percibí que si realizo de la mejor manera posible las tareas para las que me ha preparado la vida, encontraré la satisfacción, y un tranquilo sendero de felicidad por muchos años.[1]

O, como escribió James M. Barrie en "Little Privileges" (Pequeños privilegios):

La felicidad es el arte de encontrar el gozo y la satisfacción en los pequeños privilegios de la vida:

una hora silenciosa bajo el sol en lugar de un viaje lejano:

una breve escapada a los bosques cercanos en vez de largos viajes;

una hora con un amigo a cambio de una extensa visita a los parientes,

unas pocas páginas de un libro en lugar de horas de tiempo de lectura,

una vislumbre del atardecer, una solitaria y hermosa flor, una sonrisa casual,

una palabra amable, un pequeño regalo entregado en forma anónima,

una pequeña atención aquí y allá mientras los días corren.

---

1 Will Durant, citado en *Dawnings: Finding God's Light in the Darkness*, ed. por Phyllis Hobe (New York: Guideposts Associates, Inc., 1981), pp. 204,205.

Los que lleevan la luz del sol a la vida de los demás
no pueden evitar que les alumbre a ellos mismos.[1]

En verdad ". . .gran ganancia es la piedad acompañada de contentamiento" (1 Timoteo 6:6) . . . ¡la gloria de la vida!

---

1 James M. Barrie, citado en *Dawnings: Finding God's Light in the Darkness*, ed. por Phyllis Hobe (New York: Guideposts Associates, Inc., 1981), p. 196.

Capítulo 9

No hay mayor amor

Señor,
el amor es un tema bastante común.
oímos hablar de él todo el tiempo. . .
   amor verdadero,
    amor tenaz,
     amor libre,
  el amor de una madre,
   aun el amor incondicional.
  Sin embargo, el amor real,
la clase de amor que es como el tuyo,
el tipo de amor del que habla la Biblia,
ciertamente es una clase de amor que rara vez se encuentra.
Es más que el atractivo claro de luna y que la música,
más que un sentimiento romántico,
más que un deseo sexual
o una exaltación de las emociones.
¡Tu amor, es diferente, único y real!
  Sin embargo, estoy seguro de que no se produce sin costo,
ni siquiera para ti.
Al considerar nuestra pequeñez,
  nuestra pecaminosidad,
   nuestro egoísmo,
    y nuestra dureza de corazón,
aun tu amor, al menos en ocasiones, debe requerir esfuerzo.
  Es una elección, ¿no es cierto?
  No un sentimiento,
   sino una disciplina, ¡un acto de la voluntad!
Elegiste amarnos,
  ver nuestras posibilidades,
   creer en nosotros,
    aun cuando no podemos creer en nosotros mismos
  Quiero amar así,
pero no puedo,

al menos no puedo sin tu ayuda.
Sólo tengo la capacidad de amar bien
cuando el amor me hace sentir bien a mí,
y eso ni siquiera merece llamarse amor.
Pero el otro amor, el incondicional,
ese amor real, está fuera de mi alcance.
Sin embargo, si tú puedes seguir amándome,
sólo un tiempo más,
quizás yo también pueda llegar a ser uno que ame con santidad.
Amén.

Capítulo 9

No hay mayor amor

Mi primer recuerdo del amor incondicional me hace retroceder al tiempo en que tenía sólo nueve años. Fue una extraña combinación de gozo y de tristeza. En algún momento de la medianoche mi madre comenzó con dolores de parto. Mi padre la llevó al hospital después de traer a la abuela Exley para que se quedara con mis dos hermanos y yo.

Durante los dos días y medio que siguieron, mi madre luchó para dar a luz a su cuarto hijo. Lo logró sólo después que el médico, en forma algo tardía, decidió realizar una cesárea. En ese entonces era demasiado pequeño para entender este tipo de cosas, pero todavía recuerdo las risas y las expresiones de alegría que abundaron cuando la abuela nos dijo que teníamos una hermana. En unos minutos más nos encargamos de que todo el barrio lo supiera.

Poco después llegó a casa nuestro padre y nos reunió a los tres alrededor de él. Estaba agobiado por el cansancio, la aflicción y las tristes noticias que traía. Sí, mi madre había dado a luz a una niña, pero las cosas no iban bien. Había nacido con la cabeza agrandada y las expectativas de que sobreviviera eran pocas. Y aun en ese caso, nunca sería normal.

Las lágrimas corrían por las mejillas de mi padre cuando terminó de hablar; yo me sentía sofocado, y respiraba con dificultad. Estuve sentado allí un minuto más, aturdido, luego salté del sofá y fui corriendo por la sala y la cocina, ahogándome en mis sollozos.

La puerta golpeó la casa con estrépito cuando la abrí con un empujón para descender, tropezando, los escalones que bajaban al garaje.

La mayor parte de la hora siguiente, me quedé acostado con la cara escondida en el suelo de tierra. Unos profundos sollozos convulsionaron mi pequeño cuerpo y me pareció como si todo el universo se alejara de mí, dejándome solo con mi dolor. El polvoriento suelo se mezcló con mis lágrimas, formando barro, y yo golpeé mis puños contra el piso hasta que me quedé sin fuerzas. Después de un rato, me pareció que hasta mi aflicción había quedado extenuada, y sentí como un vacío en la boca del estómago.

Creo que aquella tarde acepté la muerte de Carolina, aunque eso llegó a suceder tres meses después. En las semanas intermedias tuvieron lugar varias situaciones de crisis. Por ese tiempo, mi padre y la tía Elsie viajaron en avión hasta el hospital de niños en Denver. Cuando llegaron, Carolina estaba muy grave, a punto de morir. Los médicos consiguieron estabilizar su estado y, después de pasar algunos días en el hospital, la trajimos a casa por última vez.

¿Qué tiene que ver todo esto con el amor? Ahora se lo voy a decir.

La situación de Carolina era lamentable. Esta es la forma más suave en que lo puedo decir. No dudo de que para otros parecería repulsiva, pero nunca lo fue para nosotros. Conservo un vago recuerdo de cuando mi madre tomó a Carolina y la puso en mi regazo, mientras yo estaba sentado en un sillón, y la miraba con un amor compasivo mientras le daba un poco de alimento formulado.

Parecía que cada día traía una nueva desilusión. Pronto nos dimos cuenta de que Carolina era ciega y sorda, y su cabeza, que desde su nacimiento era más grande que el resto de su pequeño cuerpo, se hacía cada vez más desproporcionada. Recuerdo que con un dolor que todavía persiste, yo miraba a mi madre bañar con ternura a Carolina, y luego medir su cabeza con cuidado para ver si, por algún milagro, era un poco más pequeña. Nunca lo fue. Entonces mamá solía morderse los labios, y las lágrimas corrían por sus mejillas mientras guardaba la cinta métrica de tela.

Los médicos sugirieron la internación permanente de Carolina en el hospital de niños de Denver, a fin de que recibiera mejor atención. Mis padres preguntaron si eso mejoraría su expectativa de vida y si sería más cómodo para ella estar en el hospital. Los médicos respondieron que no cambiaría mucho la situación de Carolina, pero que produciría menos tensiones para la familia.

Mis padres les agradecieron su preocupación, pero en realidad no tuvieron demasiado en cuenta esa recomendación suya. Carolina no significaba una molestia que creara el deseo de desprenderse de ella de la manera más humanitaria posible. Era su bebé, una parte de la familia. Si su estado requiriera de un cuidado especial, entonces se lo proveerían. Así era el amor de mis padres: ¡incondicional! De alguna forma, al menos para nosotros, hizo que esa niña que carecía de atractivos pudiera ser digna de ser amada.

Cuando pienso en esto, me siento como invadido por un temeroso asombro. ¿De dónde proviene esa clase de amor? Antes de que usted llegue a la conclusión de que es algo inherente a la condición de padre, permítame recordarle que la historia está llena de trágicos ejemplos de crueldad paternal. De hecho, en el mundo antiguo el abandono de los hijos llegó a ser normal:

El niño indeseado era simplemente tirado afuera como una basura. Hilarion le escribe a su esposa Alis en 1 a.C. con una extraña mezcla de amor e insensibilidad: "Hilarion a su esposa Alis, los más afectuosos saludos. . . Quiero que sepas que todavía estamos en Alejandría. No te preocupes si, cuando todos regresen a casa, yo me quedo en Alejandría. Te ruego y suplico que cuides del pequeño; y, tan pronto como nos paguen, te enviaré el dinero. Si llega a nacer un hijo —te deseo buena suerte en esto—, déjalo vivir si es varón, pero si es hembra, tírala. Le dijiste a Aphrodisias que me dijera de parte tuya: 'No me olvides.' ¿Cómo podría yo olvidarte? No te preocupes por nada."

El abandono de un hijo indeseado era la rutina

normal. En Stobaeus (Egloga 75) hay un dicho: "El pobre cría a sus hijos, pero entre nosotros, si uno es pobre, abandona a las hijas."

Se podría recoger a una hija abandonada y adiestrarla para la prostitución, o peor aún, un mendigo profesional podría mutilarla en forma deliberada para después usarla para despertar la compasión y recoger limosnas de los transeúntes.

El niño abandonado de constitución débil, o enfermizo, o deforme, tenía pocas posibilidades de sobrevivir. En la *República* (460 a.C.) Platón insiste en que sólo se deben mantener los hijos de las mejores uniones, y que a cualquier hijo defectuoso se lo debe matar. "Permitan que haya una ley" dice Aristóteles, "que no se críe a ningún hijo deforme" (*Política* 7.14.10). Aun Séneca dice algo semejante: "A los perros rabiosos les golpeamos la cabeza; a las fieras y a los bueyes salvajes los matamos; a las ovejas enfermas las pasamos por el cuchillo para impedir que infecten al rebaño; destruimos a la progenie innatural; hasta ahogamos a los niños que nacen débiles y anormales. No es la ira, sino la razón que separa lo dañino de lo sano" (*Sobre la ira* 1.15.2).[1]

Aunque eso ya es historia antigua, no nos atrevemos a descartarla. Es cierto que la sociedad actual no da su aprobación al abandono de los niños, pero en su lugar se han creado otras formas de discriminar al hijo no deseado: tales son el abuso y el aborto.

Solamente en los Estados Unidos, hay por lo menos un millón de casos de niños violados por año, y muchos expertos estiman que en realidad los incidentes por año pueden acercarse a la cifra de seis millones.[2]

Cada año mueren dos mil niños como consecuencia de maltrato infantil (algunos estudios estiman que la

---

1 William Barclay, *The Beatitudes and The Lord's Prayer for Everyman* (New York and Evanston: Harper & Row Publishers, 1968), pp. 69, 70.

2 Kathy C. Miller, *Out of Control* (Waco: Word Books Publisher), p. 114.

cifra se elevaría a seis mil). El diez por ciento de las visitas de niños a las salas de emergencia se deben a los malos tratos que han recibido. Un estudio estima que se maltrata a quince de cada cien niños por lo menos cinco veces al año. Es un hecho que hay más niños menores de cinco años que mueren por daños causados por sus padres que por la combinación de tuberculosis, tos convulsa, polio, diabetes, fiebre reumática y apendicitis.[1]

Y el maltrato infantil llega a parecer minúsculo si se compara con los casos de aborto. Cada día se pierden, sólo en los Estados Unidos, alrededor de cuatro mil vidas humanas por causa de abortos. Los números continúan multiplicándose, y ya en ciudades como Nueva York y Washington, D.C., más bebés mueren por aborto que nacen vivos.[2]

En enero de 1984, en su discurso a la Convención de Comunicadores Religiosos de Radio y Televisión, el presidente Reagan dijo: "Quince millones de niños nunca reirán, nunca cantarán, nunca conocerán el gozo del amor humano..." Desde ese entonces, se estima que se ha abortado a otros seis millones de bebés, elevando el funesto total a la enorme suma de veintiún millones.

Estas cifras desafían nuestra imaginación, por tanto, intentaré dar una adecuada perspectiva de la magnitud de esta atrocidad. En la Guerra de la Revolución, los Estados Unidos sufrieron 25.324 bajas. En la guerra civil, se registraron 498.332 muertes. En la primera guerra mundial, murieron 116.516 soldados estadounidenses; en la segunda guerra mundial, 545.108; en la guerra coreana, 54.246, y en el conflicto de Vietnam, 56.555. Esto da un total de 1.296.001 de muertos de los Estados Unidos por causa de la guerra, lo que representa uno de cada veinte de los que murieron por aborto.[3]

---

1 Miriam Neff, "As Near as Your Own Church Door", (*Moody*, mayo 1984), p. 20.

2 John Powell, S.J., *Abortion: the Silent Holocaust* (Allen: Argus Communications, 1981), p. 5.

3 Ibíd.

Es cierto que la crueldad de la humanidad no está reservada sólo para los jóvenes o para el no nacido. El destacado erudito William Barclay escribe:

En el mundo romano la vida era despiadada, en especial para los esclavos y los hijos. El esclavo, como dijo Aristóteles (*Etica a Nicómano* 8.11.6) no difería de una herramienta viviente, ¿y qué consideración puede recibir una herramienta? Un amo podía matar a su esclavo, y así sucedía, como cuando Vedius Pollio arrojó a su esclavo a las salvajes lampreas en la piscina de peces de su patio, porque había tropezado y roto un tazón (Plinio, *Historia natural* 9.23).[1]

Sir Henry Holland, el famoso médico misionero de Quetta, Paquistán, cuya investigación en problemas oculares es mundialmente reconocida, cuenta cómo a veces le traían un paciente con un problema visual tan avanzado que sus ojos no tenían posibilidad de recibir ayuda de la cirugía. Cuando tenía que darle al paciente noticias como éstas, los que estaban junto al mismo se reían estrepitosamente, y le decían que se fuera y dejara de molestar al médico. La compasión era desconocida para esa gente.[2]

Y para que el lector no se sienta tentado a pensar que tal crueldad es del dominio particular del mundo pagano o del tiempo pasado, quiero recordar el efecto devastador que tiene la enfermedad incurable sobre el matrimonio y la familia en nuestra propia y moderna civilización occidental. Algunos investigadores informan que el 70% de las separaciones se producen cuando uno de los cónyuges contrae una enfermedad incurable; simplemente las tensiones llegan a ser insoportables.

Philip Yancey, autor de *Where is God When It Hurts?* (¿Dónde está Dios cuando sufrimos?), cuenta de un amigo de treinta y

---

1 Barclay, p. 68.
2 Ibíd., p. 67.

siete años que descubrió que tenía uno de los tipos de cáncer más raros y severos. En la historia médica, sólo se registraron veintisiete casos de personas que fueron tratadas de esta misma clase de cáncer. Los otros veintiséis pacientes habían muerto.

A petición de su amigo, Philip comenzó a acompañarlo a un grupo de terapia que se reunía en un hospital cercano. El grupo estaba formado por personas que se estaban muriendo, la mayoría de los cuales tenía entre treinta y cuarenta años.

Yancey escribe:

> La persona que más me afectó era la de más edad en la habitación, una mujer guapa, de cabellos grises, con el rostro ancho y huesudo de una inmigrante europea oriental. Expresó su soledad en palabras simples envueltas en un definido acento. Le preguntamos si tenía familia. Su único hijo trabajaba en las fuerzas aéreas de Alemania y trataba de conseguir una licencia especial para ir a verla. ¿Y su esposo? Se le anudó la garganta y luego pudo decir:
>
> —Vino a verme una sola vez. Yo estaba en el hospital. Me trajo mi bata de baño y unas cosas más. El médico estaba en el pasillo y le informó acerca de mi leucemia.
>
> Su voz comenzó a quebrarse, y antes de continuar se restregó los ojos.
>
> —Regresó a casa aquella noche, empacó todas sus cosas, y se fue. Nunca más lo volví a ver.
>
> —¿Cuánto tiempo estuvieron casados? —le pregunté.
>
> Varias personas del grupo quedaron sin aliento cuando respondió:
>
> —Treinta y siete años.[1]

Yancey concluye con una dolorosa observación: "En este grupo de treinta personas, ningún matrimonio quedó intacto por más de dos años, incluso el de mi amigo Jim."[2]

¿Qué conclusión podemos sacar de todo esto? Parece ser que

1 Philip Yancey, *Helping Those In Pain* (*Leadership/84*, primavera), p. 91.
2 Ibíd.

los seres humanos tenemos una capacidad limitada de amar, a no ser que actúe en nosotros el amor de Dios manifestado en Jesucristo. Sin la influencia de su amor, la crueldad humana y el desamor no conocen límites. Sólo cuando un individuo o una sociedad permiten que Dios los ame, son capaces de expresar el verdadero amor desinteresado.

Esto no quiere decir que todo creyente "nacido de nuevo" ama en forma no egoísta, ni tampoco que una sociedad "cristiana" está totalmente libre del racismo, la intolerancia y la injusticia. Pero cuando la Iglesia verdadera, aun con todas sus imperfecciones, se compara con el mundo fuera de la iglesia, hay una diferencia marcada en la calidad de sus interrelaciones y su preocupación por el mundo. Esto es igualmente cierto cuando se compara una nación "cristiana" con aquellas que no están fundadas en la ética judeocristiana.

¿Hacia dónde nos estamos dirigiendo? Eso depende de si nos contentamos con el mundo tal como es y de si estamos satisfechos con nuestra vida. Si usted no está contento con las cosas tal y como son, si ha vislumbrado lo que podría ser el mundo, entonces quiero animarlo a que le permita a Dios que lo ame.

Tal vez no sea lo que usted esperaba. La exhortación habitual es estar más involucrado, a amar más. Créame, hay un tiempo para eso, pero no es éste. Primero debemos dejar que Dios nos ame, y eso no es tan fácil como parece. En realidad, cuanto más pienso en esto, tanto más me convenzo de que la mayor parte del mundo tiene miedo de permitirle a Dios que lo ame.

Donald Macleod, que fuera profesor de Predicación y Adoración del Seminario Teológico de Princeton, lo explica así:

> Las personas que están satisfechas con la estereotipada frase: "Cualquier cosa está bien", evitarán a la iglesia (es decir, al amor de Dios), porque los confronta con hechos que los molestan e irritan. No desean que les recuerden los postulados de la verdad, el deber, el amor a Dios, y la caridad a otros. Es más fácil manejarse con la filosofía del pensamiento positivo que no demanda otra cosa que decir todas las mañanas frente al espejo: "Cada día y en cada aspecto, soy cada

vez mejor." Es más fácil hablar del amor "sintético" que
exhiben las telenovelas, que contemplar el amor verdadero que agoniza en una cruz. En la iglesia usted y
yo nos topamos con las verdaderas virtudes y Dios
pregunta: ¿Cuál es tu relación personal con ellas? En
la iglesia enfrentamos la eterna división entre lo bueno
y lo malo, el amor y el odio, la verdad y la mentira.[1]

Me puedo identificar con eso. Es imposible permitir que Dios
nos ame y seguir en la forma en que estamos. Baje su guardia
sólo por un momento, abra su vida quebrantada apenas un
poquito, y allí estará el amor de Dios, con su silueta contorneada
contra el cielo oscuro de la historia humana, contra todas las
faltas y fracasos, contra toda la perversidad y aberración de la
humanidad. Allí está: ¡la cruz! Dios, vestido con las vestiduras de
la carne humana, sangrando y muriendo, procurando nuestro
amor.

¿Pero quién puede soportar el mirar el amor de esa manera?
Estamos tentados a tapar nuestros ojos, a mirar a otro lado, a
fingir que no lo hemos visto. Es demasiado tarde. Lo hemos
mirado, y lo hemos visto, y nunca más podremos ser los mismos.
Ese amor tan grandioso y tan magnífico nos atrae como el imán
a las limaduras de hierro. Somos levantados hasta el mismo
regazo de Dios, llevados dentro de su gran corazón.

¡Qué andrajosas y egoístas aparecen nuestras ambiciones a la
luz de tal amor! Qué trágicas son las trivialidades y pequeñeces
de nuestra vida; qué frío y duro nuestro corazón! Sin embargo,
no hay por eso ninguna condenación, sino sólo amor; amor
liberador, amor redentor. El cura nuestras heridas, corrige nuestro mal y, contrario a toda lógica, da calor a nuestro frío corazón.
Pronto nuestra vida late con la realidad eterna de su divino amor.

Es probable que usted se pregunte: "¿Puede Dios amarme así,
con todas mis insuficiencias?" Créame, ¡él puede y lo hace!

Casi puedo escuchar que Dios está diciendo: "No te amo
porque soy un Dios de amor, aunque lo soy. No te amo porque

---

1 Donald Macleod, "Something Happened in Church", *The Twentieth-Century Pulpit*, ed. por
   James W. Cox (Nashville: Abingdon Press, 1978), p. 133.

eso es lo que mejor hago, aunque lo es. Ni siquiera te amo porque se supone que tengo que hacerlo, aunque es así. ¡Te amo porque hay algo con relación a ti que toca mi corazón!"

Piense en esto un minuto, ¡hay algo con relación a ti que toca mi corazón! Esto es difícil de creer, ¿no es cierto?

¿Qué razón para que sea amada puede encontrar Dios en una mujer como la que se divorció tres veces y cuya idea de sí misma era tan pobre que se sentía impulsada a buscar la compañía de los hombres a cualquier costo? ¿Existiría alguna bondad, debajo de su amargo cinismo, que su sonrisa insegura no pudiera ocultar del todo? ¿Y qué de aquel esposo insensible que parece indiferente a las necesidades de su esposa e hijos? ¿O de la irritante compañera de trabajo? ¿Hay algo de bondadoso en ella?

Con el propósito de enseñarles a cada una de estas personas y también a nosotros, Dios nos dice: "¡Hay algo con relación a ti que toca mi corazón!"

Bajo la superficie de nuestro detestable comportamiento, hábilmente camuflado por nuestra obstinación, Dios ve algo de sí mismo. Tal vez sólo una sombra, pero aun así es innegable. Allí se encuentra su semejanza eterna, plantada en lo profundo del suelo de nuestra alma, esperando tan sólo el calor de su amor para brotar, para llegar a ser una planta tierna de una belleza extraordinaria.

La posición defensiva y la autodesvalorización hacen que con frecuencia actuemos en las formas menos amables, pero él ve más allá de nuestro afrentoso comportamiento. El sabe que, a menudo, cuando en forma más desesperada necesitamos de su amor, actuamos de la manera menos digna de recibirlo. ¡Sin embargo, nos ama!

A través de los años, he sido testigo de cómo obra el santo amor de Dios en algunas de las personas que menos esperaríamos, y en las formas menos imaginables. De todos los casos, el más inverosímil para mí fue el de Sterling. Lo vi por primera vez cuando vino a mi oficina en busca de consejo pastoral. Hacía unos pocos días que lo habían liberado de la prisión del distrito y era un recién convertido. Me relató su historia en tonos vacilantes.

Nunca conoció a su padre, y su madre lo abandonó cuando era apenas un niño pequeño. Lo recogió una tía bondadosa que lo crió como si fuera suyo. Sin embargo, su amor no pudo curar las heridas causadas por el rechazo de sus padres. Cuando llegó a los catorce años ya era adicto al alcohol y tenía continuos problemas con las autoridades.

Por su comportamiento incorregible fue enviado a un reformatorio. Por desgracia, esto intensificó su rencor y su amargura y, no bien quedó en libertad, retornó de inmediato a su comportamiento antisocial. Pronto estaba cumpliendo una condena en la penitenciaría del estado y después otra.

Cuando vino a verme, tenía libertad bajo fianza, aguardando un juicio por supuesta violación de su hijastra de dieciséis años. Mientras estaba en la cárcel del distrito, comenzó a leer la Biblia y tuvo la experiencia del nuevo nacimiento. Ahora quería saber si podía formar parte de la membresía de nuestra iglesia. Le aseguré que podía, y pronto se involucró con intensidad en la vida de nuestra comunidad, incluso en un grupo de crecimiento que yo dirigía una vez por semana. Puedo recordar aún la noche en que nos dijo que por fin se había sentido amado, por primera vez en su vida, por Dios mismo y por los integrantes del grupo.

Algunas semanas después, Sterling regresó a mi oficina, con una gran agitación.

—Pastor —dijo—, el juicio comienza en unos pocos días y entonces todos sabrán de qué estoy acusado.

Dejó de hablar de manera vacilante, y el silencio llegó a ser casi insoportable antes de que por fin habló de nuevo.

—Estoy asustado, asustado de verdad. No tanto por la prisión, pues ya estuve antes allí, sino porque podría ser rechazado por mi iglesia. Tengo miedo de que ellos no quieran tener nada que ver conmigo cuando se den cuenta de que estoy enjuiciado por violación.

Me apresuré a asegurarle que la iglesia seguiría apoyándolo, y eso lo tranquilizó y así se fue. Sin embargo, no bien se fue, yo mismo comencé a tener mis serias dudas. La violación es un delito horrible, en especial cuando involucra a menores, y en nuestra congregación había varias familias que tenían hijas. Mi propia hija apenas tenía siete años, y no pude evitar el preocuparme por ella.

Sterling era mi amigo, compartió comidas con nuestra familia, yo lo conocía en forma personal; sin embargo, por momentos, los temores me abrumaban. Mientras pensaba en esto, llegué a la conclusión de que la preocupación de Sterling era tal vez más legítima de lo que yo le permití suponer.

El domingo siguiente por la noche, al concluir el culto, me sentí impelido a compartir con la congregación la historia de Sterling. Mi razonamiento fue que era mejor que la oyeran de mis labios en lugar de leerla en el periódico. Cuando hablé, se produjo en la congregación un silencio sombrío, y entonces comencé a preguntarme si había cometido un error. Terminé diciendo: "Le aseguré a Sterling que cuando él nació de nuevo, las cosas viejas habían pasado y que todo había sido hecho nuevo, y que, en lo que se refiere a nosotros, el pasado está puesto bajo la sangre de Jesucristo."

Por un momento, que pareció muy prolongado, nadie se movió, y Sterling, sentado cerca del frente, parecía encogerse dentro de sí mismo cuando, al parecer, se estaban por confirmar sus peores temores. Luego, Mary se levantó y se dirigió hacia él.

Yo no sabía si sentirme animado o no; no estaba seguro de lo que iba a hacer. Cuando niña, Mary había sido víctima de abuso sexual, y a los dieciocho años quedó embarazada como resultado de una violación. Por años, el rencor y el temor la obsesionaron, y ella luchó en forma constante con su odio hacia los hombres.

Cuando se paró delante de Sterling, contuve el aliento. Se agachó con lentitud y tomó su mano.

—Jesucristo te ama y nosotros también.

La voz de Mary se quebró mientras sufría un arrebato de emoción.

—El pasado no importa. Tú estás perdonado. ¡Pertenecemos a la misma familia!

A esta altura Sterling estaba llorando y no había en el salón quien tuviera los ojos secos. De pronto, pareció que todos estaban hablando a la vez y se acercaban rodeando a Sterling para confirmarle su amor y su apoyo. Fue uno de esos momentos extraordinarios y tiernos en que el amor, el amor de Dios, triunfó sobre las duras realidades de la debilidad humana.

Con seguridad Dios se habrá sentido orgulloso de esa pequeña iglesia, al menos por un breve momento, cuando permitimos que su amor brillara a través de nosotros.

Comparto la historia de Sterling porque si Dios pudo encontrar valor en un hombre que tenía un prontuario tan frondoso, un hombre acusado de violar a su propia hijastra de dieciséis años, entonces, con seguridad, usted también puede sentirse amado por Dios, a pesar de sí mismo y de su maldad.

El apóstol Pablo escribe:

> Habiendo yo sido antes blasfemo, perseguidor e injuriador; mas fui recibido a misericordia porque lo hice por ignorancia, en incredulidad. Pero la gracia de nuestro Señor fue más abundante con la fe y el amor que es en Cristo Jesús.
>
> Palabra fiel y digna de ser recibida por todos: que Cristo Jesús vino al mundo para salvar a los pecadores, de los cuales yo soy el primero. Pero por esto fui recibido a misericordia, para que Jesucristo mostrase en mí el primero toda su clemencia, para ejemplo de los que habrían de creer en él para vida eterna.
>
> 1 Timoteo 1:13-16

La persona que cree que Dios la ama, tal como es, con todas sus frustraciones, está creyendo lo increíble. Tal amor está fuera de nosotros, es demasiado bueno para ser cierto. Una y otra vez lo contemplamos a través de la vida de hombres como Sterling. A veces lo vemos reflejado por medio del amor de otros. En otras ocasiones, es sólo un sentimiento, un saber tan profundo que no se puede expresar en palabras. Y con el conocimiento viene la seguridad, una confianza que nos capacita para arriesgarnos a amar y a vivir en formas que nunca antes nos hubiéramos atrevido.

Cuando comprendo mejor el amor de Dios es cuando he fracasado, cuando no he logrado la medida de su gran designio. Por favor, no me interprete mal. No quiero exaltar el fracaso, ni enorgullecerme de él. La realidad es que cuanto más vivo por Cristo, cada fracaso resulta ser más penoso.

A veces es algo tan corriente como una relación que se rompe, con todas las incomprensiones y angustias que eso produce. Otras veces es tan simple como la dolorosa comprensión de que todavía no soy la persona que espero ser, y la casi abrumadora convicción de pecaminosidad que trae ese hecho. En la noche oscura de mi alma he clamado: "Oh Señor, ¿alguna vez seré diferente? ¿Hay alguna esperanza para un hombre como yo?"

En momentos así, la mayoría de nosotros tendemos a desesperar, a abandonar. Luego sentimos una vez más su amor. El no nos ha abandonado, no ha renunciado a nosotros. Y una vez más vamos a él y encontramos que se brinda a nosotros.

Hace algunos años tuve una experiencia como ésa. Era una mezcla de vergüenza y amor, culpa y gracia. En un intento por desenredar y darles algún sentido a mis sentimientos, escribí en mi diario:

El pecado ha hecho que me sienta como un extraño,
  desconocido y desconociendo,
    rechazado e indeseado.
La alienación y el alejamiento
han dejado de ser sólo palabras,
para convertirse en una dolorosa realidad que me deja
devastado y atormentado.
No deseo orar,
  no quiero entrar en la presencia de Dios,
    no quiero enfrentarme con él.
Estoy muy avergonzado,
  ¿cómo pude ser tan pecaminoso?
Tengo miedo,
  ¿Dios se habrá cansado de mis repetidos fracasos,
    de mi constante confesión?
  Sin embargo vengo, porque no puedo soportar solo
    el dolor y la carga de mi pecado.
Dios mío, Dios mío,
  ¿por qué me has abandonado?
No tienes que responder.

Sé que mi pecado me ha alejado de ti,
  ha roto nuestra relación,
    levantó una pared
      larga y alta.
No tengo excusas,
  ninguna lógica para justificarme.
No puedo alegar ignorancia
  ni circunstancias atenuantes.
   El castigo que yo mismo me he infligido
  es más de lo que puedo soportar.
Mi aversión a mí mismo es un pan amargo
  que no puede saciar el terrible hambre de mi alma.
Golpeo la pared
  en desesperada penitencia,
  hasta que mis puños están golpeados y sangrando,
  sin que la pared se mueva.
Trato de trepar la pared
  usando la frágil escalera
  de las buenas obras y de la justicia propia,
  pero mis mejores esfuerzos son insuficientes.
   ¿Puedes verme, Señor?
  Estoy aquí, sentado en la sombra cada vez más oscura
    de esta pared imponente,
     con los puños sangrientos yaciendo inútiles en mi regazo.
Mientras tanto las astillas de la escalera rota,
    esparcidas a mi alredor,
    son un testimonio mudo
    de mis inútiles esfuerzos por lograr la reconciliación
  Los trapos sucios del fracaso pecaminoso
  no me pueden proteger
  de la noche fría de la desesperación.
Lloro en mi temor y culpa,
  mis labios magullados dan nacimiento
  a entrecortados sollozos de confesión,
  y la pared comienza a temblar.
Se mueve una piedra
  se afloja,

y se derrumba con un ruido terrible,
después otra y otra,
hasta que en la pared abierta queda contorneada una cruz.
A través de ella brilla una luz,
que me avergüenza,
mientras envuelvo en los harapos de mi vergonzoso pasado
mi alma desnuda.
Por la luz veo una mano con las cicatrices de los clavos,
que se extiende hacia mí,
y me invita a venir.
El temor y la culpa se burlan de mí,
y yo me aparto casi sin quererlo.
Las sombras me rodean,
y mi alma se estremece.
La mano me alcanza en la oscuridad.
Quiero asirme de ella,
pero para hacerlo debo soltar
los harapos que ocultan mi alma desnuda.
El conflicto es casi extenuante.
La mano promete
luz, calor y compañía,
pero mis harapos me son familiares.
¿Qué sucederá si los arrojo
y alcanzo la mano,
sólo para que él me rechace con repugnancia?
La oscuridad se torna más profunda,
me cobija como un ataúd,
el frío atraviesa mis harapos,
y me enfría con el toque de la muerte.
Despojándome de mis vestimentas viles,
alcanzo la mano, la tomo,
y él me atrae hacia la luz.
Temblando, camino a través del
agujero en forma de cruz en la pared
y sale la luz del sol de su amor.
Por sólo un momento, quedo avergonzado
e intento cubrir mi desnudez

pero descubro que estoy vestido
con las vestimentas ondeantes de su perdón.
Hay un sonido horrible,
como el rugir de un terremoto.
Miro detrás de mí a tiempo para ver,
que ¡la pared se derrumba!
Casi no puedo creer lo que veo.
Aquella pared inexpugnable,
que absorbió mis más feroces ataques, sin siquiera cascarse,
destrozada por una mano con las cicatrices de los clavos
y un agujero con forma de cruz.
Mis ojos miran con fascinación hipnótica
por varios segundos más,
luego su mano está sobre mi hombro
y arriba, adelante, escucho el sonido
de la música y la danza.
Alguien está gritando:
"Se ha hallado el hijo del Padre,
y él ofrece una fiesta para celebrarlo."
Yo me vuelvo hacia mi Guía, mi Salvador, y le pregunto.
"¿Estoy invitado?"
El me responde:
"La fiesta es en tu honor.
¡Tú eres su hijo!"

En situaciones como éstas nos sentimos abrumados. Es como
si nuestro corazón fuera a estallar por estar tan lleno del amor a
Dios. Como escribió Juan, el discípulo amado: "Nosotros le
amamos a él, porque él nos amó primero" (1 Juan 4:19).

Entonces comienza a suceder lo más increíble. Dios toma
nuestro amor y lo dirige hacia el que carece de amor. Y susurra
en forma amable a nuestro espíritu: "Mi amor no es para ser
retribuido, sino para ser compartido."

El autor Herbert Tarr describe una despedida llena de emoción, que ilustra esta verdad con más claridad que ninguna otra
cosa que conozco. Dice así:

El conductor dijo:

—Por favor, desciendan del tren todos los que no viajan.

—Oh, David. . . —dijo una mujer a un jovencito mientras lo abrazaba con fuerza contra su pecho, que olía mucho a frutas y verduras, y también al amor de madre—. Cuida de él.

Estas últimas palabras no fueron dirigidas al tío Asher ni al conductor, sino a Dios mismo. La tía Dvorah hablaba con Dios con frecuencia y con libertad. A su modo de pensar, Dios era un ser real, un cuidador de personas, a cuyo cargo se podían dejar los que uno ama, en la confianza de que estarían a salvo y bien atendidos. Era también su jefe en el negocio de la vida; el que estaba siempre accesible y siempre, sin excepción, receptivo a sus requerimientos de amor.

David miró a su tía y a su tío; ella tenía las manos cuarteadas de tanto salir a vender frutas y verduras, sin importarle las inclemencias del tiempo; tenía el rostro rojizo y redondo y sonreía en todo momento. Su pesado cuerpo estaba más acostumbrado a llevar media docena de suéteres al mismo tiempo, que un simple tapado. El cabello se había vuelto plateado, pero conservaba inalterables sus brillantes ojos oscuros. El tío tenía un cuerpo flaco y resistente, fuerte y a la vez encorvado por haber levantado por muchísimos años demasiados cajones de frutas y verduras. Su piel estaba curtida por el viento y su rostro aceitunado era sereno, con la excepción de su boca torcida. Eran una pareja sin hijos que habían recogido en su hogar al huérfano David, criándolo desde que tenía siete años, pero renunciando a que los llamara papá y mamá, por temor de que él olvidara a sus verdaderos padres.

David agarró sus toscas manos de vendedores callejeros entre sus suaves manos de estudiante.

—¡Cómo empezaré a retribuirles lo que han hecho por mí!

El tío Asher le respondió amablemente

—David, hay un refrán que dice: "El amor de los padres se vuelca hacia sus hijos, pero el amor de esos hijos hacia los hijos de ellos."

—No es así! —protestó David— Siempre estaré tratando de. . .

La tía Dvorah interrumpió:

—David, lo que el tío Asher quiere decir es que el amor de los padres no es para ser retribuido; sino sólo para ser compartido.[1]

En momentos como esos, cuando tengo una conciencia especial del amor de Dios, ninguna tarea parece imposible, ninguna distancia demasiado lejana, ningún costo excesivamente elevado, ningún sacrificio demasiado grande. Surge dentro de mí una oración espontánea: "Te lo pagaré, Señor, de alguna manera, aun cuando exigiera mi vida entera." Y cuando tengo especial sensibilidad a su cercanía, lo oigo decir: "Mi amor no es para ser retribuido; sólo se puede compartir."

La mayoría de las personas que requerirán de nuestro amor no tendrán atractivo para que las amemos, pero eso no nos debe sorprender, porque nosotros tampoco inspirábamos amor antes de permitirle a Dios que nos amara. Aun ahora, hay ocasiones en que vivimos y actuamos de tal manera que desalentaríamos a cualquier amante menos obstinado que él. Quizás este hecho, más que ningún otro, es lo que diferencia a su amor santo del amor fingido y barato que ofrece el mundo. Dios ama a personas que carecemos de valor y de méritos para ser amadas. Y, milagro de milagros, ¡nos ama por completo y hace que también nosotros podamos ser amantes santos!

Y estos "amantes santos" se han desparramado por el mundo, cuidadosamente disfrazados de personas comunes.

Hay unos pocos que, aun sin proponérselo, han cautivado la atención del mundo. Entre ellos está la monja de Albania, Teresa Bojaxhiu, de setenta y cinco años, mejor conocida como la Madre Teresa. En 1979 ganó el premio Nobel de la paz.

---

1 Herbert Tarr, citado en *Creative Brooding* por Robert Raines (New York: The Macmillan Company, 1966), p. 102.

Está también Mark Buntain, un hombre común y corriente de edad mediana, médico misionero que construyó y dirige el "Calcutta Christian Mission Hospital" (Hospital Cristiano Misionero de Calcuta), en la India. Todos los días, a través de su desinteresado amor, miles reciben comida, ropa y refugio, como también tratamiento médico y testimonio cristiano.

Y podemos citar también a la "Abuela Howell", quien a los noventa y un años mantenía correspondencia con diecisiete presos a la vez. Cuando se enfermó, y parecía a punto de morir, un preso suplicó, con su caligrafía infantil: "Por favor, oren por la abuela Howell porque está enferma y podría morir. *Nunca nadie me amó como ella.* Siempre espero sus cartas, pues significan mucho para mí"[1] (cursivas añadidas).

Todos los fines de semana, en el barrio Bushwick de Brooklyn, amantes santos, dirigidos por Bill Wilson, un visionario que anda en blue jeans y zapatos de deportivos arriesgan sus vidas para ayudar a los jovencitos de los barrios bajos a encontrar esperanza. Veinte autobuses escolares pintados de amarillo, movilizan a casi cuatro mil muchachos, en su mayoría negros e hispanos, a la escuela dominical que se realiza en una cervecería "convertida". Allí participan en un culto animado y entusiasta, con música, cantos, palmas, juegos, premios y dramatizaciones. Eso es entretenimiento de la clase más pura, pero es mucho más todavía. Allí reciben un mensaje evangelístico acerca del amor de Dios, y tienen la oportunidad de recibir a Jesucristo como su Salvador personal. Cientos de ellos lo están haciendo, y como resultado, están saliendo de las drogas, de la delincuencia y de la desesperación que son casi inevitables para muchos de los residentes de un barrio superpoblado.

Se trata de un ministerio peligroso. Bill Wilson sufrió su segundo ataque al corazón a los treinta y un años, y ha sido golpeado y apuñalado en más de una ocasión. Otros colaboradores han sido asaltados, y una obrera de poco más de veinte años fue violada brutalmente por tres hombres en un tejado.

---

1 Charles W. Colson, *Loving God* (Grand Rapids: A Judith Markham Book editado por Zondervan Publishing House, 1983), p. 209.

Además de todo esto, existe una continua presión económica con la consiguiente angustia que provoca día tras día. Sin embargo, Bill Wilson y el equipo de la Asamblea de Dios Metropolitana perseveran, amando con el amor de Dios a esos muchachos indeseables.

Hay cientos de miles más, quizás millones. Son hombres y mujeres que han sido tocados y transformados por el santo amor de Dios. ¡Todos ellos son "cristianos en acción"! La mayor parte de ellos nunca será tenido en cuenta por el mundo, pero la eternidad revelará su trabajo redentor. De una manera discreta, ellos se dedican a la tarea de amar, no en sus propias fuerzas, sino en el poder del santo amor de Dios. Algunos son misioneros que prestan sus servicios en lugares remotos y peligrosos, otros son pastores en una ciudad grande. Algunos son profesionales que llevan el amor de Dios a las oficinas de las empresas, que ocupan un lugar elevado en los imponentes santuarios de los negocios y las finanzas. Con más frecuencia todavía, se trata de oficinistas y comerciantes, trabajadores sociales y amas de casa. Son personas comunes que viven en formas extraordinarias, y que llevan el santo amor de Dios a un mundo que sufre.

El doctor Victor G. Rosenblum es profesor de derecho y ciencias políticas en la Universidad de Northwestern, y padre de un hijo atrasado a quien ama mucho. Una vez le preguntaron si estaría a favor de permitir un aborto en el caso de que estuviera médicamente comprobado que el bebé nacería defectuoso o sufriría un atraso mental.

—Oh, no —dijo—. De ninguna manera.

Luego continuó:

—¿Usted cree en el amor? No me refiero meramente al amor que se expresa con palabras. ¿Cree realmente que estamos aquí para amarnos los unos a los otros? Si lo cree de verdad, entonces no va a decir: "Te amaré a ti porque tienes todas tus facultades mentales, y a ti porque eres sano, pero a ti no porque sólo tienes un brazo." El verdadero amor no hace esa clase de discriminaciones. Si creemos realmente en el amor, y nos enteramos de que un bebé va a nacer sin brazos, tendremos que decir: "Bebé, te vamos a amar. Te haremos brazos. Ahora tenemos muchas posibilidades nuevas para hacerlo. Y ¿sabes, bebé?, si estos brazos no resultaran, nosotros mismos seremos tus brazos. Te cuidaremos. Puedes estar seguro de eso. Tú eres uno de nosotros, un miembro de nuestra familia humana, y siempre te amaremos" (parafraseado).[1]

Esta clase de amor es ciertamente escasa, pero es posible cuando le permitimos a Dios que nos ame. Y éste es el corazón y el alma del cristianismo. Dios se convierte en uno de nosotros, un hombre, para mostrarnos cómo vivir y cómo amar. Muere en una cruz, entrega su vida por amor a nosotros y nos llama a llevar su amor santo a los que nunca han oído hablar de él, que nunca han experimentado su amor. Esto es "cristianismo en acción", ¡una fe por la cual morir! ¡Una fe por la cual vivir!

---

1 Powell, p. 8.